LA TOUR DE NESLE,

DRAME.

Prix : 3 fr. 50 c.

IMPRIMERIE DE F. DUVERGER,
RUE DE VERNEUIL, N° 4.

LA
TOUR DE NESLE,

Drame en cinq actes

ET EN NEUF TABLEAUX,

PAR MM. GAILLARDET ET ***,

REPRÉSENTÉ, POUR LA PREMIÈRE FOIS, À PARIS,

SUR LE THÉATRE DE LA PORTE-SAINT-MARTIN,

LE 29 MAI 1832.

PARIS.
J. N. BARBA, LIBRAIRE,
PALAIS-ROYAL, GRANDE COUR, DERRIÈRE LE THÉATRE-FRANÇAIS.

1832

PERSONNAGES.	ACTEURS.
BURIDAN.	MM. Bocage.
GAULTIER DAULNAY.	Lockroy.
PHILIPPE DAULNAY.	Delafosse.
ORSINI.	Auguste.
SAVOISY.	Provost.
LOUIS X.	Chilli.
DE PIERREFONDS.	Monvl.
RICHARD.	Moessard.
ENGUERRAND DE MARIGNY.	Auguste Z.
LANDRY.	Serres.
SIMON.	Heret.
SIR RAOUL.	Davesne S.
JEHAN.	Marchand.
Un Arbalêtrier.	Lainé.
Un Garde.	Vissot.
Un Page.	Ernest.
MARGUERITE DE BOURGOGNE.	Mlles Georges.
CHARLOTTE.	Lainé.
Une Femme voilée.	Oudry.
Pages.	
Gardes.	
Manans.	

Nota. Les personnages sont placés en tête de chaque scène comme ils doivent l'être au théâtre : le premier occupe la droite de l'acteur.

La *Tour*, la *Porte* et l'*Hôtel de Nesle* occupaient jadis, sur la rive gauche de la Seine, l'emplacement à peu près circonscrit par l'hôtel de la Monnaie, les rues Guénégaud, Mazarine, d'Anjou, de Nevers et le quai Conti autrefois nommé quai de Nesle.

ris en 1200, c'était là que se terminait le mur d'enceinte élevé par Philippe-Auguste; démolis en 1663, ils firent place aux constructions qui ont élevé depuis le Collége Mazarin.

Située à l'extrémité occidentale de cet emplacement, à l'angle formé par le cours de la Seine et le fossé de l'enceinte de Philippe-Auguste, la *Porte de Nesle*, espèce de Bastille, qui existait encore sous le règne de Louis XIV, se composait d'un édifice flanqué de deux tours rondes entre lesquelles était la porte de la ville. Ce fut par cette porte qu'Henri IV pénétra dans Paris, après avoir assiégé ce côté de la ville, en 1589.

Quant à la *Tour de Nesle* proprement dite, placée à quelques toises de la Porte, elle occupait le lieu où se trouvent le collége Mazarin et le pavillon de sa Bibliothèque. Ronde, très élevée, surpassant en hauteur le comble de la Galerie du Louvre, elle correspondait à une autre Tour pareille, placée sur la rive opposée, qui s'élevait à peu de distance du Louvre, à l'angle de la muraille de Paris, et qu'on nommait *la Tour qui fait le coin.*

Les fenêtres de la *Tour* et une terrasse de l'*Hôtel de Nesle* donnaient sur la rivière.

Brantôme, dans le discours 2me, art. 1er, de ses *Femmes Galantes,* raconte qu'une Reine de France, dont il ne dit pas le nom, se tenait là d'ordinaire, « laquelle fesant le guet aux passants et ceux qui « lui revenaient et agréaient le plus, de quelque « sorte de gens que ce fussent, les fesait appeler « et venir à soy, et, après avoir tiré ce qu'elle en « voulait, les fesait précipiter du haut de la Tour en « bas, en l'eau, et les fesait noyer. Je ne veux pas, « ajoute-t-il, assurer que cela soit vrai, mais le « vulgaire, au moins la plupart de Paris l'affirme, « et n'y a si commun qu'en lui montrant la Tour « seulement et en l'interrogeant, que de lui-même « ne le die. »

Le poète Jean Second, dans une pièce de vers qu'il a composée sur l'hôtel de Nesle, appuie l'assertion de Brantôme. (Diction. de Bayle, au mot Buridan, note A.)

Villon, qui écrivait ses vers au XVe siècle, dans un temps plus rapproché de l'événement, ajoute son témoignage et nous apprend que les victimes de ces débauches étaient renfermées dans un sac, puis jetées dans la rivière. L'une d'elles, Jean Buridan, qui devint célèbre dans les écoles de Paris, au XIVe siècle, par la publication d'une thèse dont il est question plus bas, échappa, dit-on, à ce supplice, et Villon fit à ce sujet les vers que voici :

> Semblablement où est la reine,
> Qui commanda que Buridan
> Fût jeté en un sac en Seine (1).

Reine dont parlent à la fois Jean Second, Brantôme et Villon, passa successivement pour être Jeanne de Navarre, épouse de Philippe-le-Bel; puis Marguerite de Bourgogne, première femme de Louis X, ainsi que ses deux sœurs, Blanche et Jeanne de Bourgogne, toutes trois les brus de ‑le-Bel.

Mais Robert Gaguin, écrivain du XVe siècle, s'est porté le défenseur de Jeanne de Navarre. Après avoir parlé des débauches des trois princesses, épouses des trois fils de Philippe-le-Bel, et de leur châtiment, il ajoute que ces désordres et leur suite épouvantable « donnèrent naissance à « une tradition injurieuse à la mémoire de Jeanne

---

[1] *Ballade des Dames du temps jadis*, pag. 24, édition de 1723.

« de Navarre. Suivant cette tradition, cette prin-
« cesse recevait dans sa couche quelques écoliers,
« et pour ne laisser aucune trace de sa débauche,
« elle les fesait jeter de la fenêtre de sa chambre
« dans la Seine. Un seul, Jean Buridan, eut le bon-
« heur d'échapper; c'est pourquoi il publia ce so-
« phisme : *Ne craignez pas de tuer une reine ; cela*
« *est quelquefois bon.* » *Reginam interficere nolite timere, bonum esse.* (*Compendium Roberti Gaguini, livre* 7, *fol.* 129, *édition de* 1507.)

Gaguin ne conteste pas le fait, il le confirme et le développe au contraire; mais ce dont il se plaint, c'est qu'on l'attribue à Jeanne de Navarre, et ce n'est pas sans raison, car il paraît certain que Jeanne ne vivait pas en même temps que ce Buridan dont il est parlé.

Quant à Marguerite de Bourgogne et ses sœurs Jeanne et Blanche, elles n'ont pour sauve-garde ni la protection d'une date, ni le verdict de l'histoire. Arrêtées toutes trois, convaincues toutes trois d'adultère, la première fut étranglée à Château-Gaillard par l'ordre de Louis X; une réconciliation et un divorce conservèrent la vie des deux autres.

LA TOUR DE NESLE,

DRAME.

ACTE I.

PREMIER TABLEAU.

La taverne d'Orsini à la porte Saint-Honoré, vue à l'intérieur. Une douzaine de manans et ouvriers à des tables à droite du spectateur; à une table isolée, Philippe Daulnay écrivant sur parchemin : il a près de lui un pot de vin et un gobelet.

SCÈNE PREMIÈRE.

PHILIPPE DAULNAY, RICHARD, SIMON, JEHAN, MANANS, *puis* ORSINI.

RICHARD, *se levant.*

Ohé! maître Orsini, notre hôte, tavernier du diable, double empoisonneur! il paraît qu'il faut te donner tous tes noms avant que tu ne répondes.

ORSINI.

Que voulez-vous, du vin?

SIMON, *se levant.*

Merci, nous en avons encore; c'est Richard le cavatier qui veut savoir combien ton patron, Satan, a reçu d'ames ce matin.

RICHARD.

Ou, pour parler plus chrétiennement, combien on a re-

La Tour.   1

levé de cadavres sur le bord de la Seine, de la tour de Nesle aux Bons-Hommes.

ORSINI.

Trois.

RICHARD.

C'est le compte ! et tous trois sans doute, nobles, jeunes et beaux ?

ORSINI.

Tous trois nobles, jeunes et beaux.

RICHARD.

C'est l'habitude. Étrangers tous trois à la bonne ville de Paris ?...

ORSINI.

Arrivés tous trois depuis la huitaine.

RICHARD.

C'est la règle ; du moins ce fléau-là a cela de bon qu'il est tout le contraire de la peste et de la royauté : il tombe sur les gentilshommes et épargne les manans. Cela console de la taxe et de la corvée. Merci, tavernier ; c'est tout ce qu'on voulait de toi, à moins qu'en ta qualité d'Italien et de sorcier tu ne veuilles nous dire quel est le vampire qui a besoin de tant de sang jeune et chaud pour empêcher le sien de vieillir et de se figer ?

ORSINI.

Je n'en sais rien.

SIMON.

Et pourquoi c'est toujours au-dessous de la tour de Nesle et jamais au-dessus qu'on retrouve les noyés ?

ORSINI.

Je n'en sais rien.

PHILIPPE, *appelant Orsini.*

Maître...

SIMON.

Tu n'en sais rien ? Eh bien ! laisse-nous tranquille, et réponds à ce jeune seigneur qui te fait l'honneur de t'appeler.

PHILIPPE.

Maître...

ORSINI.

Messire.

PHILIPPE.

Un de tes garçons taverniers peut-il, moyennant ces deux sous parisis, porter ce billet ?

ORSINI.

Landry... Landry!

LANDRY, *s'avançant.*

Voici.

(Il se tient debout devant Philippe tandis que celui-ci scelle la lettre et met l'adresse.)

ORSINI.

Fais ce que te dira ce jeune seigneur.

(Il s'éloigne.)

RICHARD, *retenant Orsini par le bras.*

C'est égal, maître; si je m'appelais Orsini, ce dont Dieu me garde; si j'étais maître de cette taverne, ce que Dieu veuille, et si mes fenêtres donnaient comme les tiennes sur cette vieille tour de Nesle, que Dieu foudroie, je voudrais passer une de mes nuits, une seule, à regarder et à écouter, et je te garantis que le lendemain je saurais que répondre à ceux qui te demanderaient des nouvelles.

ORSINI.

Ce n'est pas mon état. Voulez-vous du vin? je suis tavernier et non veilleur de nuit.

RICHARD.

Va-t-en au diable!

ORSINI.

Lâchez-moi alors.

RICHARD.

C'est juste.

(Orsini sort.)

PHILIPPE.

Écoute, gars: prends ces deux sous parisis et va-t-en au Louvre; tu demanderas le capitaine Gaultier Daulnay, et tu lui remettras ce billet.

LANDRY.

Ce sera fait, messire.

(Il sort.)

RICHARD.

Dis donc, Jehan de Montbéry, as-tu vu le cortége de la reine Marguerite et de ses deux sœurs, les princesses Blanche et Jeanne?

JEHAN.

Je crois bien.

RICHARD.

Il ne faut pas demander maintenant où a passé la taxe que

le roi Philippe-le-Bel, de glorieuse mémoire, a levé le jour où il a fait chevalier son fils aîné, Louis-le-Hutin ; j'ai reconnu mes trente sous parisis sur le dos du savori de la reine : seulement, de monnaie de billon ils étaient devenus drap d'or frisé et épinglé. As-tu vu le Gaultier Daulnay, toi, Simon ?

(Philippe lève la tête et écoute.)

SIMON.

Sainte Vierge ! si je l'ai vu ?... Son cheval du démon caracolait si bien qu'il a mis une de ses pattes sur la mienne, aussi d'à-plomb que s'il jouait au pied-de-bœuf ; et comme je criais miséricorde, son maître, pour me faire taire, m'a donné...

JEHAN.

Un écu d'or.

SIMON.

Oui, un coup du pommeau de son épée sur la tête en m'appelant cagou.

JEHAN.

Et tu n'as rien fait au cheval et rien dit au maître ?

SIMON.

Au cheval, je lui ai vertueusement enfoncé trois pouces de ce couteau dans la culotte et il s'est en allé saignant ; quant au maître, je l'ai appelé bâtard ; il s'est en allé jurant.

PHILIPPE, *de sa place*

Qui dit que Gaultier Daulnay est un bâtard ?

SIMON.

Moi.

PHILIPPE, *lui jetant son gobelet à la tête.*

Tu en as menti par la gorge, truand.

SIMON.

A moi, les enfans !

LES MANANS, *se jetant sur leurs couteaux.*

Mort au mignon !... au gentilhomme !... au pimpant !

PHILIPPE, *tirant son épée.*

Holà ! mes maîtres ! faites attention que mon épée est plus longue et de meilleur acier que vos couteaux.

SIMON.

Oui ; mais nous avons dix couteaux contre ton épée.

PHILIPPE.

Arrière !

TOUS.

A mort ! à mort !
(Ils forment un cercle à l'entour de Philippe qui pare avec son épée.)

SCÈNE II.

LES MÊMES, BURIDAN.

(Il entre, dépose tranquillement son manteau ; s'apercevant que c'est un gentilhomme qui se défend contre du peuple, il tire vivement son épée.)

BURIDAN.

Dix contre un !... Dix manans contre un gentilhomme c'est cinq de trop.
(Il les frappe par derrière.)

LES MANANS.

Au meurtre !... au guet !
(Ils veulent se sauver ; Orsini paraît.)

BURIDAN.

Hôtellier du diable, ferme ta porte, que pas un de ces truands ne sorte pour donner l'alarme : ils ont eu tort... (*aux manans.*) Vous avez eu tort.

TOUS.

Oui, monseigneur, oui.

BURIDAN.

Tu le vois, nous leur pardonnons. Restez à vos tables ; voici la nôtre... Fais apporter du vin par mon ami Landry.

ORSINI.

Il est en course pour ce jeune seigneur, j'aurai l'honneur de vous servir moi-même.

BURIDAN.

Comme tu le voudras ; mais dépêche. (*se retournant vers les manans.*) Est-ce qu'il y en a un qui parle là-bas ?

LES MANANS.

Non, monseigneur.

PHILIPPE.

Par mon patron ! messire, vous venez de me tirer d'un mauvais pas, et je m'en souviendrai en pareille occasion si je vous y trouve.

BURIDAN.

Votre main.

PHILIPPE.

De grand cœur.

BURIDAN.

Tout est dit. (*Orsini apporte du vin dans des pots.*) A votre santé!... Porte deux pots de celui-là à ces drôles, afin qu'ils boivent à la nôtre... bien. C'est la première fois, mon jeune soldat, que je vous vois dans la vénérable taverne de maître Orsini; êtes-vous nouveau venu dans la bonne ville de Paris?

PHILIPPE.

J'y suis arrivé il y a deux heures, justement pour voir passer le cortége de la reine Marguerite.

BURIDAN.

Reine, pas encore.

PHILIPPE.

Reine après-demain; c'est après-demain qu'arrive de Navarre pour succéder à Philippe-le-Bel son père, monseigneur le roi Louis X, et j'ai profité de son avénement au trône pour revenir de Flandre où j'étais en guerre.

BURIDAN.

Et moi d'Italie où je me battais aussi. Il paraît que la même cause nous amène, mon maître?

PHILIPPE.

Je cherche fortune.

BURIDAN.

C'est comme moi; et vos moyens de réussite?

PHILIPPE.

Mon frère est depuis six mois capitaine près de la reine Marguerite.

BURIDAN.

Son nom?

PHILIPPE.

Gaultier Daulnay.

BURIDAN.

Vous réussirez, mon cavalier, car la reine n'a rien à refuser à votre frère.

PHILIPPE.

On le dit: et je viens de lui écrire pour lui annoncer mon arrivée et lui dire de me joindre ici.

BURIDAN.

Ici au milieu de cette foule?

PHILIPPE.

Regardez.

BURIDAN.

Ah! tous nos gaillards sont disparus.

PHILIPPE.

Continuons, puisqu'ils nous laissent libres. Et vous, puis-je vous demander votre nom?

BURIDAN.

Mon nom?... dites mes noms; j'en ai deux : un de naissance qui est le mien et que je ne porte pas; un de guerre qui n'est pas le mien et que je porte.

PHILIPPE.

Et lequel me direz-vous?

BURIDAN.

Mon nom de guerre, Buridan.

PHILIPPE.

Buridan; avez-vous quelqu'un en cour?

BURIDAN.

Personne.

PHILIPPE.

Vos ressources?

BURIDAN.

Sont là! (*Il frappe son front.*) et là! (*Il frappe son cœur.*) dans la tête et le cœur.

PHILIPPE.

Vous comptez sur votre bonne mine et sur l'amour; vous avez raison, mon cavalier.

BURIDAN.

Je compte sur autre chose encore; je suis du même âge, du même pays que la reine... j'ai été page du duc Robert II, son père, lequel est mort assassiné... la reine et moi n'avions pas, à nous deux, l'âge que chacun de nous a seul maintenant.

PHILIPPE.

Quel est votre âge?

BURIDAN.

Trente-cinq ans.

PHILIPPE.

Eh bien?

BURIDAN.

Eh bien! il y a depuis cette époque un secret entre Marguerite de Bourgogne et moi... un secret qui me tuera, jeune homme, ou qui fera ma fortune.

PHILIPPE, *lui présentant son gobelet pour trinquer.*
Bonne chance!

BURIDAN.

Dieu vous la rende, mon soldat.

PHILIPPE.

Mais cela ne commence pas mal.

BURIDAN.

Ah!

PHILIPPE.

Oui, aujourd'hui, comme je revenais de voir passer le cortége de la reine, je me suis aperçu que j'étais suivi par une femme. J'ai ralenti le pas et elle l'a doublé... le temps de retourner un sablier, elle était près de moi : Mon jeune seigneur, m'a-t-elle dit, une dame qui aime l'épée vous trouve bonne mine; êtes-vous aussi brave que joli garçon? êtes-vous aussi confiant que brave? — S'il ne faut à votre dame, ai-je répondu, qu'un cœur qui passe sans battre à travers un danger pour arriver à un amour... je suis son homme, pourvu toutefois qu'elle soit jeune et jolie; sinon qu'elle se recommande à sainte Catherine et qu'elle entre dans un couvent.—Elle est jeune et elle est belle.—C'est bien. — Elle vous attend ce soir. — Où? — Trouvez-vous à l'heure du couvre-feu, au coin de la rue Froid-Mantel; un homme s'approchera de vous, et dira : Votre main? Vous lui montrerez cette bague et vous le suivrez. Adieu, mon soldat, plaisir et courage... Alors elle m'a mis au doigt cet anneau, et a disparu.

BURIDAN.

Vous irez à ce rendez-vous?

PHILIPPE.

Par mon saint patron! je n'ai garde d'y manquer.

BURIDAN.

Mon cher ami, je vous en félicite... il y a quatre jours de plus que vous que je suis à Paris, et excepté Landry, qui est une vieille connaissance de guerre, je n'ai pas rencontré un visage sur lequel je pusse appliquer un nom... Sang-Dieu... je ne suis cependant d'âge ni de mine à n'avoir plus d'aventures.

SCÈNE III.

BURIDAN, PHILIPPE DAULNAY, une femme voilée.

LA FEMME VOILÉE, *entrant et touchant de la main l'épaule de Buridan.*

Seigneur capitaine...

BURIDAN, *se retournant sans se déranger.*

Qu'y a-t-il, ma gracieuse?

LA FEMME.

Deux mots tout bas.

BURIDAN.

Pourquoi pas tout haut?

LA FEMME.

Parce qu'il n'y a que deux mots à dire et qu'il y a quatre oreilles pour entendre.

BURIDAN, *se levant.*

C'est bien... prenez mon bras, mon inconnue, et dites-moi ces deux mots... (*à Gaultier.*) vous permettez?...

PHILIPPE.

Faites!

LA FEMME.

Une dame qui aime l'épée, vous trouve bonne mine; êtes-vous aussi brave que joli garçon? êtes vous aussi confiant que brave?

BURIDAN.

J'ai fait vingt ans la guerre aux Italiens, les plus mauvais coquins que je connaisse; j'ai fait vingt ans l'amour aux Italiennes, les plus rusées ribaudes que je sache... et je n'ai jamais refusé ni combat, ni rendez-vous, pourvu que l'homme eût droit de porter des éperons et une chaîne d'or... pourvu que la femme fût jeune et jolie.

LA FEMME.

Elle est jeune, elle est belle.

BURIDAN.

C'est bien.

LA FEMME.

Et elle vous attend ce soir.

BURIDAN.

Où, et à quelle heure?

LA FEMME.

Devant la seconde tour du Louvre... à l'heure du couvre-feu.

BURIDAN.

J'y serai.

LA FEMME.

Un homme viendra à vous, et dira : Votre main ? Vous lui montrerez cette bague et vous le suivrez... Adieu, mon capitaine, courage et plaisir.

(Elle sort. La nuit commence à venir doucement.)

BURIDAN.

Ah ! çà, c'est un rêve ou une gageure.

PHILIPPE.

Quoi donc ?

BURIDAN.

Cette femme voilée...

PHILIPPE.

Eh bien ?

BURIDAN.

Elle vient de me répéter les paroles qu'une femme voilée vous a dites.

PHILIPPE.

Un rendez-vous ?

BURIDAN.

Comme le vôtre.

PHILIPPE.

L'heure ?

BURIDAN.

La même que la vôtre.

PHILIPPE.

Et une bague ?

BURIDAN.

Pareille à la vôtre.

PHILIPPE.

Voyons.

BURIDAN.

Voyez.

PHILIPPE.

Il y a magie... et vous irez ?

BURIDAN.

J'irai.

PHILIPPE.

Ce sont les deux sœurs.

BURIDAN.

Tant mieux, nous serons beaux-frères.

LANDRY, *à la porte*.

Par ici, mon maître.

(Après avoir introduit Gaultier Daulnay, il passe chez Orsini. — Nuit.)

SCÈNE IV.

LES MÊMES, GAULTIER DAULNAY.

PHILIPPE.

Chut! voici Gaultier... A moi, frère, à moi.

(Il lui tend les bras.)

GAULTIER, *s'y jetant*.

Ta main, frère... Ah! te voilà donc! c'est toi et bien toi?

PHILIPPE.

Eh! oui.

GAULTIER.

M'aimes-tu toujours?

PHILIPPE.

Comme la moitié de moi-même.

GAULTIER.

Et tu as raison, frère. Embrasse-moi encore... Quel est ̶ ̶omme?

PHILIPPE.

Un ami d'une heure, qui m'a rendu un service dont je me souviendrai toute la vie : il m'a tiré des mains d'une douzaine de truands à qui j'avais jeté une malédiction et un gobelet à la tête, parce qu'ils parlaient mal de toi.

GAULTIER.

Ah! merci pour lui, merci pour moi. Si Gaultier Daulnay peut vous être bon à quelque chose, fût-il à prier sur la tombe de sa mère, et Dieu veuille qu'il la connaisse un jour! fût-il aux genoux de sa maîtresse, et Dieu lui garde la sienne! à votre premier appel il se lèvera, ira vers vous, et, s'il vous faut son sang ou sa vie, il vous les donnera comme il vous donne sa main.

BURIDAN.

Vous vous aimez saintement, mes gentilshommes, à ce qu'il paraît?

PHILIPPE.

Oui : voyez-vous, capitaine, c'est que nous n'avons dans le monde, lui, que moi, moi, que lui ; car nous sommes jumeaux et sans parens, avec une croix rouge au bras gauche pour tout signe de reconnaissance ; car nous avons été exposés ensemble et nus sur le parvis Notre-Dame ; car nous avons eu faim et froid ensemble, et nous nous sommes réchauffés et rassasiés ensemble.

GAULTIER.

Et depuis ce temps-là, nos plus longues absences ont été de six mois ; et lorsqu'il mourra, lui, je mourrai, moi ; car, ainsi qu'il n'est venu au monde que quelques heures avant moi, je ne dois lui survivre que de quelques heures. Ces choses-là sont écrites, croyez-le ; aussi, entre nous, tout à deux, rien à un seul : notre cheval, notre bourse, notre épée sur un signe, notre vie sur un mot. Au revoir, capitaine. Viens chez moi, frère.

PHILIPPE.

Non pas, mon féal ; il faut que je passe cette nuit quelque part où quelqu'un m'attend.

GAULTIER.

Arrivé il y a deux heures, tu as un rendez-vous pour cette nuit? Prends garde, frère ; (*Deux garçons taverniers passent et vont fermer les volets.*) depuis quelque temps la Seine charrie bien des cadavres, la grève reçoit bien des morts ; mais c'est surtout de gentilshommes étrangers qu'on fait chaque jour aux rives du fleuve la sanglante récolte. Prends garde, frère, prends garde.

PHILIPPE.

Vous entendez, capitaine ; irez-vous?

BURIDAN.

J'irai.

PHILIPPE.

Et moi aussi.

GAULTIER.

Depuis quand êtes-vous arrivé, capitaine?

BURIDAN.

Depuis cinq jours.

GAULTIER, *réfléchissant*.

Toi depuis deux heures, lui depuis cinq jours... toi, tout jeune ; lui jeune encore... N'y allez pas, mes amis, n'y allez pas !

PHILIPPE.

Nous avons promis, promis sur notre honneur.

GAULTIER.

La promesse est sacrée... allez-y donc ; mais demain, demain dès le matin, frère...

PHILIPPE.

Sois tranquille.

GAULTIER, *se retournant et prenant la main de Buridan.*

Vous, quand vous voudrez, messire.

BURIDAN.

Merci.

(On entend la cloche du couvre-feu.)

ORSINI, *entrant.*

Voici le couvre-feu, mes seigneurs.

BURIDAN, *prenant son manteau et sortant.*

Adieu, on m'attend à la deuxième tour du Louvre.

BURIDAN, *de même.*

Moi, rue Froid-Mantel.

GAULTIER.

Moi, au palais.

ORSINI, *seul.*

(Il ferme la porte et donne un coup de sifflet : Landry et trois hommes paraissent.)

Et nous, enfans, à la tour de Nesle.

DEUXIÈME TABLEAU.

Intérieur circulaire. Deux portes à droite de l'acteur, au premier plan, une à gauche; une fenêtre au fond avec un balcon; une toilette, chaises, fauteuils.

SCÈNE V.

ORSINI, *seul, appuyé contre la fenêtre.*

(On entend le tonnerre et l'on voit les éclairs.)

La belle nuit pour une orgie à la Tour! Le ciel est noir, la pluie tombe, la ville dort, le fleuve grossit comme pour aller au-devant des cadavres... C'est un beau temps pour aimer : au dehors le bruit de la foudre, au dedans le choc des verres et les baisers et les propos d'amour... Etrange concert où Dieu et Satan font chacun leur partie! (*On entend des éclats de rire.*) Riez, jeunes fous, riez donc; moi, j'attends; vous avez encore une heure à rire et moi une heure à attendre comme j'ai attendu hier, comme j'attendrai demain. Quelle inexorable condition! parce qu'ils sont entrés ici, il faut qu'ils meurent! parce que leurs yeux ont vu ce qu'ils ne devaient pas voir, il faut que leurs yeux s'éteignent! parce que leurs lèvres ont reçu et donné des baisers qu'elles ne devaient ni recevoir ni donner, il faut que leurs lèvres se taisent pour ne se rouvrir, comme accusatrices, que devant le trône de Dieu!... Mais aussi, malheur! malheur cent fois mérité à ces imprudens qui se lèvent au premier appel d'un amour nocturne! présomptueux qui croient que cela est une chose toute simple que de venir la nuit par l'orage qui gronde, les yeux bandés, dans cette vieille tour de Nesle pour y trouver trois femmes jeunes et belles, leur dire : Je t'aime, et s'enivrer de vin, de caresses et de voluptés avec elles.

UN CRIEUR DE NUIT, *en dehors*.

Il est deux heures, la pluie tombe, tout est tranquille : Parisiens, dormez.

ORSINI.

Deux heures déjà!

SCÈNE VI.
ORSINI, LANDRY.

LANDRY.

Maître!

ORSINI.

Que veux-tu?

LANDRY.

Il est deux heures du matin : le crieur de nuit vient de passer.

ORSINI.

Eh bien! nous sommes encore loin du jour.

LANDRY.

Mais les autres s'ennuient.

ORSINI.

On les paie.

LANDRY.

Sauf votre bon plaisir, maître, on les paie pour frapper et non pour attendre. S'il en est ainsi, qu'on double la somme : tant pour l'ennui, tant pour l'assassinat.

ORSINI.

Tais-toi; voici quelqu'un : va-t-en.

LANDRY.

Je m'en vais; mais ce que j'ai dit n'en est pas moins juste.

(Il sort.)

SCÈNE VII.

ORSINI, MARGUERITE.

MARGUERITE.

Orsini!

ORSINI.

Madame!

MARGUERITE.

Où sont tes hommes?

ORSINI.

Là.

MARGUERITE.

Prêts?

ORSINI.

Tout prêts, madame, tout prêts... La nuit s'avance.

MARGUERITE.

Est-il donc si tard?

ORSINI.

L'orage se calme.

MARGUERITE.

Oui; écoute le tonnerre.

ORSINI.

Le jour va venir.

MARGUERITE.

Tu te trompes, Orsini, vois comme la nuit est encore sombre... Oh!

(Elle s'assied.)

ORSINI.

N'importe, madame; il faut éteindre les flambeaux, relever les coussins, renfermer les flacons : vos barques vous attendent; il faut repasser la Seine, rentrer dans votre noble demeure et nous laisser les maîtres ici, les seuls maîtres.

MARGUERITE.

Oh! laisse-moi : cette nuit ne ressemble pas aux nuits

précédentes ; ce jeune homme ne ressemble pas aux autres jeunes gens : il ressemble à un seul, si au-dessus de tous !... Ne trouves-tu pas, Orsini?

ORSINI.

A qui ressemble-t-il donc ?

MARGUERITE.

A mon Gaultier Daulnay. Parfois je me suis surprise en le regardant, à croire que je voyais Gaultier, en l'écoutant, que j'entendais mon Gaultier : c'est un enfant tout d'amour et de passion ; c'est un enfant qui ne peut être dangereux, n'est-ce pas?

ORSINI.

Oh ! madame, que dites-vous là? Songez donc que c'est un jouet qu'il faut prendre et briser ; que plus vous avez eu avec lui de bonté et d'abandon, plus il est à craindre... Il est bientôt trois heures, madame, retirez-vous et abandonnez-nous ce jeune homme.

MARGUERITE, *se levant.*

Te l'abandonner, Orsini? non pas ; il est à moi. Va demander à mes sœurs si elles veulent t'abandonner les autres ; si elles le veulent, c'est bien ; mais celui-là, il faut le sauver... Oh ! je le puis : car toute cette nuit je me suis contrainte ; toute cette nuit j'ai gardé mon masque ; il ne m'a donc pas vue, Orsini, ce noble jeune homme ; mon visage est resté voilé pour lui : il me verrait demain qu'il pourrait me reconnaître. Eh bien ! je lui sauve la vie ; je veux que cela soit ainsi. Je le renvoie sain et sauf ; qu'il soit reconduit dans la ville ; qu'il vive pour se rappeler cette nuit, pour qu'elle brûle le reste de sa vie de souvenirs d'amour ; pour qu'elle soit un de ces rêves célestes qu'on a une fois sur la terre ; pour qu'elle soit pour lui enfin ce qu'elle sera pour moi.

ORSINI.

Ce sera comme vous voudrez, madame.

MARGUERITE.

Oui, oui, sauve-le ; voilà ce que j'avais à te dire, ce que j'hésitais à te dire. Maintenant que je te l'ai dit, fais ouvrir la porte, fais rentrer les poignards dans le fourreau : hâte-toi, hâte-toi !

(Orsini sort.)

SCÈNE VIII.

MARGUERITE, puis PHILIPPE.

PHILIPPE, *dans la coulisse.*

Mais où es-tu donc, ma vie? — où es-tu donc, mon amour? — Ton nom de femme ou d'ange, que je t'appelle par ton nom?...

(Il entre.)

MARGUERITE.

Jeune homme, voici le jour.

PHILIPPE.

Que me fait le jour, que me fait la nuit? — Il n'y a ni jour ni nuit... Il y a des flambeaux qui brûlent, des vins qui pétillent, des cœurs qui battent et le temps qui passe... Reviens.

MARGUERITE.

Non, non, il faut nous séparer.

PHILIPPE.

Nous séparer!... et qui sait si je vous retrouverai jamais? Il n'est pas temps de nous séparer encore. Je suis à vous comme vous êtes à moi; séparer les anneaux de cette chaîne, c'est la briser.

MARGUERITE.

Ah! vous aviez promis plus de modération... Le temps fuit; mon époux peut se réveiller, me chercher, venir... Voici le jour.

PHILIPPE.

Non, non, ce n'est pas le jour; c'est la lune qui glisse entre deux nuages chassés par le vent. Votre vieil époux ne saurait venir encore... La vieillesse est confiante et dormeuse. Encore une heure, ma belle maîtresse; une heure, et puis adieu...

MARGUERITE.

Non, non, pas une heure, pas un instant, partez! C'est moi qui vous en prie... Partez sans regarder en arrière, sans vous souvenir de cette nuit d'amour, sans en parler à personne, sans en dire un mot à votre meilleur ami... Partez! quittez Paris, voyez-vous, quittez-le! je vous l'ordonne, partez!

PHILIPPE.

Eh bien! oui, je pars... mais ton nom?... Dis-moi ton nom, qu'il puisse bruire éternellement à mon oreille, qu'il se grave à jamais dans mon cœur... Ton nom! pour que je

La Tour.

le redise dans mes rêves. Je devine que tu es belle, que tu es noble ; tes couleurs, que je les porte ; je t'ai trouvée parce que tu l'as voulu ; mais depuis long-temps je te cherchais. Ton nom dans un dernier baiser, et je pars.

MARGUERITE.

Je n'ai pas de nom pour vous ! Cette nuit passée, tout est fini entre vous et moi ; je suis libre, et je vous rends libre. Nous sommes quittes des heures passées ensemble. Je ne dois rien à vous, et vous rien à moi... Obéissez-moi donc si vous m'aimez... obéissez-moi encore si vous ne m'aimez pas ; car je suis femme, je suis chez moi, je commande. Notre partie nocturne est rompue, je ne vous connais plus... sortez !

PHILIPPE.

Ah ! c'est ainsi... j'adjure et l'on se raille ; je supplie et on me chasse... eh bien je sors ! Adieu, noble et honnête dame, qui donnez des rendez-vous la nuit, à qui l'ombre de la nuit ne suffit pas et qui avez besoin d'un masque ; mais ce n'est pas moi dont on peut se faire un jouet pour une passion d'une heure ; il ne sera pas dit que, moi parti, vous rirez de la dupe que vous venez de faire.

MARGUERITE.

Que voulez-vous ?

PHILIPPE, *arrachant une épingle de la coiffe de Marguerite.*

Ne craignez pas, madame, ce sera moins que rien... un simple signe auquel je puisse vous reconnaître. (*Il la m*** *au visage à travers son masque.*) Voilà tout.

MARGUERITE.

Ah !

PHILIPPE, *riant.*

Maintenant dis-moi ton nom ou ne me le dis pas ; ôte ton masque ou reste masquée, peu m'importe ! je te reconnaîtrai partout.

MARGUERITE.

Vous m'avez blessée, monsieur !... Cette marque-là, c'est comme si vous aviez vu mon visage... Insensé que je voulais sauver et qui veut mourir ! Cette marque, voyez-vous cette marque, priez Dieu !... Qu'on ne se souvienne que de mes premiers ordres.

(*Elle sort.*)

(Orsini, qui est entré sur la dernière phrase de Marguerite, va à la fenêtre, la ferme et emporte la lumière. Nuit complète jusqu'à la fin de l'acte.)

SCÈNE IX.

PHILIPPE, BURIDAN.

(Buridan sort lentement de la porte à gauche, étend les bras, se glisse dans l'ombre et met la main sur le bras de Philippe.)

BURIDAN.

Qui est là ?

PHILIPPE.

Moi.

BURIDAN.

Qui, toi ?

PHILIPPE.

Que t'importe ?

BURIDAN.

Je connais ta voix.

(Il l'entraîne vers la fenêtre.)

PHILIPPE.

Buridan !

BURIDAN.

Philippe !

PHILIPPE.

Vous ici !

BURIDAN.

Oui, sang-dieu, moi ici ! et qui voudrais bien vous rencontrer ailleurs.

PHILIPPE.

Pourquoi cela ?

BURIDAN.

Vous ne savez donc pas où nous sommes ?

PHILIPPE.

Où sommes-nous ?

BURIDAN.

Vous ne savez donc pas quelles sont ces femmes ?

PHILIPPE.

Vous êtes tout ému, Buridan.

BURIDAN.

Ces femmes... N'avez-vous pas quelques soupçons de leur rang ?

PHILIPPE.

Non.

BURIDAN.

N'avez-vous pas remarqué que ce doivent être de grandes dames? Avez-vous vu, car je pense qu'il vient de vous arriver à vous ce qui vient de m'arriver à moi; avez-vous vu dans vos amours de garnison beaucoup de mains aussi blanches, beaucoup de sourires aussi froids? avez-vous remarqué ces riches habits, ces voix si douces, ces regards si faux? Ce sont de grandes dames, voyez-vous; elles nous ont fait chercher dans la nuit par une femme vieille et voilée qui avait des paroles mielleuses. Oh! ce sont de grandes dames! A peine sommes-nous entrés dans cet endroit éblouissant, parfumé et chaud à enivrer, qu'elles nous ont accueillis avec mille tendresses, qu'elles se sont livrées à nous sans détour, sans retard, à nous, tout de suite, à nous inconnus et tout mouillés de cet orage. Vous voyez bien que ce sont de grandes dames. A table, et c'est notre histoire à tous deux, n'est-ce pas? à table, elles se sont abandonnées à tout ce que l'amour et l'ivresse ont d'emportement et d'oubli; elles ont blasphémé, elles ont tenu d'étranges et d'odieuses paroles, elles ont oublié toute retenue, toute pudeur; oublié la terre, oublié le ciel. Ce sont de grandes dames, de très grandes dames, je vous le répète.

PHILIPPE.

Eh bien?

BURIDAN.

Eh bien! cela ne vous fait-il pas quelque peur?

PHILIPPE.

Peur! et quelle peur?

BURIDAN.

Ces soins qu'elles prennent pour rester inconnues.

PHILIPPE.

Que je revoie la mienne demain, et je la reconnaîtrai.

BURIDAN.

Elle s'est donc démasquée?

PHILIPPE.

Non, mais avec cette épingle d'or, à travers son masque, je lui ai fait au visage un signe qu'elle gardera long-temps.

BURIDAN.

Malheureux! il y avait peut-être encore quelque espoir de nous sauver, et tu nous tues!

PHILIPPE.

Comment?

BURIDAN, *le conduisant à la fenêtre.*

Regarde devant toi.

PHILIPPE.

Le Louvre.

BURIDAN.

A tes pieds.

PHILIPPE.

La Seine.

BURIDAN.

Et autour de nous, la tour de Nesle.

PHILIPPE.

La tour de Nesle!

BURIDAN.

Oui, oui, la vieille tour de Nesle, au-dessous de laquelle on retrouve tant de cadavres.

PHILIPPE.

Et nous sommes sans armes, car on vous a demandé en entrant votre épée comme on m'a demandé la mienne.

BURIDAN.

A quoi nous serviraient-elles? il ne s'agit pas de nous défendre, mais de fuir. Voyez cette porte?

PHILIPPE, *secouant la porte de gauche.*

Fermée... Ah! écoute... Si je meurs et si tu vis, tu me vengeras.

BURIDAN.

Oui, et si je meurs et que tu vives, à toi la vengeance, tu iras trouver ton frère Gaultier, ton frère qui peut tout; tu lui diras... écoute, il faut écrire, il faut des preuves.

PHILIPPE.

Ni plume, ni encre, ni parchemin.

BURIDAN.

Voici des tablettes; tu tiens encore cette épingle: sur ton bras il y a des veines et dans ces veines du sang; écris, pour que ton frère me croie, si je vais lui demander vengeance pour toi; écris, écris: j'ai été assassiné par... je mettrai le nom moi, car je saurai qui, oui je saurai qui... et signe; si tu te sauves, fais pour moi ce que j'aurais fait pour toi. Adieu... tâchons de fuir chacun de notre côté... Adieu.

PHILIPPE.

Adieu, frère; à la vie... à la mort.

(Ils s'embrassent; Philippe rentre dans l'appartement dont il est sorti. Buridan va pour essayer de sortir; il recule devant Landry qui entre.)

SCÈNE X.

BURIDAN, LANDRY.

BURIDAN.

Ah !

LANDRY.

Faites votre prière, mon gentilhomme.

BURIDAN.

Cette voix m'est connue.

LANDRY.

Mon capitaine !

BURIDAN.

Landry ! il faut me sauver, mon brave ; on veut nous assassiner... (*On entend un cri.*) Un cri !... quel est ce cri ?

LANDRY.

C'est celui de votre troisième compagnon, qui est avec la troisième sœur... et qu'on égorge.

BURIDAN.

Tu ne me tueras point, n'est-ce pas ?

LANDRY.

Je ne puis vous sauver ; je le voudrais cependant.

BURIDAN.

Cet escalier...

LANDRY.

Il est gardé.

BURIDAN.

Cette fenêtre...

LANDRY.

Savez-vous nager ?

BURIDAN.

Oui.

LANDRY, *ouvrant la fenêtre.*

Alors, hâtez-vous. Dieu vous garde !

BURIDAN, *sur le balcon.*

Seigneur ! seigneur ! ayez pitié de moi.

(Il s'élance : on entend le bruit d'un corps pesant qui tombe dans l'eau.)

ORSINI, *entrant.*

Où est-il ?

LANDRY.

Dans la rivière... c'est fini.

ORSINI.

Il était bien mort?

LANDRY.

Bien mort.

PHIILPPE, *entrant à reculons et tout ensanglanté.*

Au secours! au secours, mon frère! à moi, mon frère!

(Il tombe.)

MARGUERITE, *entrant, une torche à la main.*

Voir ton visage et puis mourir, disais-tu; qu'il soit donc fait ainsi que tu le désires. (*Elle arrache son masque.*) Regarde et meurs!

PHILIPPE.

Marguerite de Bourgogne! reine de France!

(Il meurt.)

LE CRIEUR, *en dehors.*

Il est trois heures. Tout est tranquille. Parisiens, dormez.

FIN DU PREMIER ACTE.

ACTE II.

TROISIÈME TABLEAU.

Appartement de la reine.

SCÈNE PREMIÈRE.

MARGUERITE, CHARLOTTE, *ensuite* GAULTIER.

(Au lever du rideau, la reine est couchée sur un lit de repos. Elle se réveille et appelle une de ses femmes.)

MARGUERITE.

Charlotte! Charlotte! (*Charlotte entre.*) Fait-il jour, Charlotte?

CHARLOTTE.

Oui, madame la reine, depuis long-temps.

MARGUERITE.

Tirez les rideaux lentement, que la clarté ne me fasse pas mal. C'est bien. Quel temps?

CHARLOTTE, *allant à la fenêtre.*

Superbe. L'orage de cette nuit a balayé du ciel jusqu'à son plus petit nuage; c'est une nappe d'azur.

MARGUERITE.

Que se passe-t-il dans la rue?

CHARLOTTE.

Un jeune seigneur, enveloppé de son manteau, cause devant vos fenêtres avec un moine de l'ordre de Saint-François.

MARGUERITE.

Le connais-tu?

CHARLOTTE.

Oui ? c'est messire Gaultier Daulnay.

MARGUERITE.

Ah ! ne regarde-t-il pas de ce côté ?

CHARLOTTE.

De temps en temps ; il quitte le moine, il entre sous l'arcade du palais.

MARGUERITE, *vivement*.

Charlotte, allez vous informer de la santé de mes sœurs, les princesses Blanche et Jeanne. Je vous appellerai quand je voudrai avoir de leurs nouvelles. Vous entendez, je vous appellerai.

CHARLOTTE, *s'en allant*.

Oui, madame.

MARGUERITE.

Il était là attendant mon réveil, et n'osant le hâter, les yeux fixés sur mes fenêtres... Gaultier, mon beau gentilhomme.

GAULTIER, *paraissant par une petite porte dérobée au chevet du lit*.

Tous les anges du ciel ont-ils veillé au chevet de ma reine, pour lui faire un sommeil paisible et des songes dorés.

(Il s'assied sur les coussins de l'estrade.)

MARGUERITE.

Oui, j'ai eu de doux songes, Gaultier ; j'ai rêvé voir un jeune homme qui vous ressemblait ; c'étaient vos yeux et votre voix ; c'étaient votre âge, vos transports d'amour.

GAULTIER.

Et ce songe...

MARGUERITE.

Laissez-moi me rappeler... A peine si je suis éveillée encore... mes idées sont toutes confuses... Ce songe eut une fin terrible, une douleur comme si on m'eût déchiré la joue.

GAULTIER, *voyant la cicatrice*.

Ah ! en effet, madame, vous êtes blessée !

MARGUERITE, *rappelant ses idées*.

Oui, oui... je le sais ; une épingle... une épingle d'or... une épingle de ma coiffure qui a roulé dans mon lit et qui m'a déchirée... (*à part*.) Oh ! je me rappelle...

GAULTIER.

Voyez !... et pourquoi risquer ainsi votre beauté, ma

Marguerite bien-aimée ? Votre beauté n'est point à vous ; elle est à moi.

MARGUERITE.

A qui parliez-vous devant ma fenêtre ?

GAULTIER.

A un moine qui me remettait des tablettes de la part d'un étranger que j'ai vu hier, qui ne connaissait personne à Paris et qui, tremblant qu'un malheur ne lui arrivât dans cette grande ville, m'a fait promettre par son intermédiaire de les ouvrir si j'étais deux jours sans entendre parler de lui : c'est un capitaine que j'ai rencontré avec mon frère hier à la taverne d'Orsini.

MARGUERITE.

Vous me le présenterez ce matin, votre frère ; je l'aime déjà d'une partie de l'amour que j'ai pour vous.

GAULTIER.

Oh ! ma belle reine ! gardez-moi votre amour tout entier ; car je serais jaloux même de mon frère... Oui, il viendra ce matin à votre lever : c'est un bon et loyal jeune homme, Marguerite ; c'est la moitié de ma vie, c'est ma seconde ame !

MARGUERITE,

Et la première ?

GAULTIER.

La première, c'est vous ; ou plutôt vous êtes tout pour moi, vous : ame, vie, existence ; je vis en vous et je compterais les battemens de mon cœur en mettant la main sur le vôtre... Oh ! si vous m'aimiez comme je vous aime, Marguerite ! vous seriez toute à moi comme je suis tout à vous.

MARGUERITE.

Non, mon ami, non ; laissez-moi un amour pur. Si je vous cédais aujourd'hui, peut-être demain pourrais-je vous craindre... une indiscrétion, un mot est mortel pour nous autres reines : contentez-vous de m'aimer, Gaultier, et de savoir que j'aime à vous l'entendre dire.

GAULTIER.

Pourquoi faut-il que le roi revienne demain, alors ?

MARGUERITE.

Demain !... et avec lui... adieu notre liberté ; adieu nos doux et longs entretiens... Oh ! parlons d'autre chose : cette cicatrice paraît donc beaucoup ?

GAULTIER.

Oui.

MARGUERITE.

Qu'est-ce que j'entends dans la chambre à côté?

GAULTIER, *se levant.*

Le bruit que font nos jeunes seigneurs en attendant le lever de leur reine.

MARGUERITE.

Il ne faut pas les faire attendre, ils se douteraient peut-être pour qui je les ai oubliés; je vous retrouverai au milieu d'eux, n'est-ce pas, mon seigneur, mon véritable seigneur et maître, mon roi, qui seriez le seul, si c'était l'amour qui fît la royauté?... au revoir.

GAULTIER.

Déjà?

MARGUERITE.

Il le faut : allez. (*Elle tire un cordon, les rideaux se ferment, Gaultier est dans la chambre; le bras seul de Marguerite passe au milieu des deux rideaux. Gaultier lui baise la main; elle appelle.*) Charlotte ! Charlotte !

CHARLOTTE, *derrière les rideaux.*

Madame !

MARGUERITE, *retirant sa main.*

Faites ouvrir les appartemens.

SCÈNE II.

GAULTIER, PIERREFONDS, SAVOISY, RAOUL, COURTISANS, *puis* MARIGNY.

SAVOISY.

Ah ! Gaultier nous avait devancés, et c'est juste... Comment va ce matin la Marguerite des Marguerites... la reine de France, Navarre et Bourgogne.

GAULTIER.

Je ne sais, messieurs, j'arrive; j'espérais voir mon frère au milieu de vous... Salut, messieurs, salut; quelles nouvelles ce matin?

PIERREFONDS.

Rien de bien nouveau... Le roi arrive demain ; il aura une belle entrée dans sa bonne ville. Les ordres sont donnés par messire de Marigny pour que le peuple soit joyeux et crie *Noel* sur son chemin : en attendant, il crie malédiction sur les bords de la Seine.

GAULTIER.

Et pourquoi?

SAVOISY.

Le fleuve vient de rejeter encore un noyé sur sa rive, et le peuple se lasse de cette étrange pêche.

PIERREFONDS.

Ce sont autant d'anathèmes qui retombent sur ce damné Marigny qui est chargé de la sûreté de la ville... Ma foi, les morts seront les bienvenus si nous pouvons étouffer le premier ministre sous un tas de cadavres.

GAULTIER, *remontant vers les courtisans.*

Il se passe d'étranges choses... Personne de vous n'a vu mon frère, messieurs?

PIERREFONDS.

C'est que si le roi n'y prend pas garde, messeigneurs, il perdra par eau le tiers de sa population, la plus noble et la plus riche. Quel diable de vertige pousse donc nos gentilshommes à pareille fin, bonne au plus pour les jeunes chats et les manans?

SAVOISY.

Oh! messeigneurs, iriez-vous croire que ceux qui sortent morts de la Seine y descendent volontairement vivans? Non pas.

PIERREFONDS.

A moins qu'ils n'y soient menés par des démons et des feux follets, je ne vois pas trop...

SAVOISY.

La rivière est une indiscrète qui ne conserve pas les secrets qu'on lui confie. On a plutôt creusé une tombe dans l'eau que dans la terre; seulement l'eau rejette et la terre garde. Depuis l'hôtel Saint-Paul jusqu'au Louvre, il y a bien des maisons qui baignent leurs pieds dans l'eau, et bien des fenêtres à ces maisons.

SIR RAOUL.

Le seigneur de Savoisy a raison, et la tour de Nesle pour son compte...

SAVOISY.

Oui, je suis passé à deux heures du matin au pied du Louvre, et la tour de Nesle était brillante, les flambeaux couraient sur ses vitraux; c'était une nuit de fête à la tour. Je n'aime pas cette grande masse de pierre qui semble, la nuit, un mauvais génie veillant sur la ville, cette grande masse immobile, jetant par intervalles du feu de toutes ses ouvertures comme un soupirail de l'enfer, silencieuse sous le ciel noir, avec sa rivière bouillonnante à ses pieds. Si vous saviez ce que le peuple raconte...

GAULTIER.

Messieurs, vous oubliez que c'est une hôtellerie royale.

SAVOISY.

D'ailleurs le roi arrive demain, et le roi, vous le savez, messieurs, n'aime pas les nouvelles qu'il n'a pas faites lui-même. N'est-ce pas, monsieur de Marigny ?

MARIGNY, *entrant.*

Que disiez-vous d'abord, messieurs? que je puisse répondre à votre question.

SAVOISY.

Nous disions que le peuple de Paris était un peuple bien heureux d'avoir le roi Louis X pour roi et monsieur de Marigny pour premier ministre.

MARIGNY.

Et il y a au moins la moitié de ce bonheur dont il ne jouirait pas long-temps, s'il ne tenait qu'à vous, monsieur de Savoisy.

UN PAGE, *annonçant.*

La reine, messeigneurs.

SCÈNE III.

PRÉCÉDENS, LA REINE, PAGES, GARDES;
ensuite UN BOHÉMIEN.

LA REINE.

Dieu vous garde, messieurs; vous savez que le roi mon seigneur et maître arrive demain ; ainsi, si vous avez aujourd'hui quelque grace à demander à la régente, hâtez-vous, car je n'ai plus qu'un jour de puissance.

SAVOISY.

Nous ne vous presserons pas, madame ; vous serez notre reine toujours, reine par le sang, reine par la beauté ; et vous serez toujours véritablement régente de France, tant que notre roi, que Dieu garde! conservera des yeux et un cœur.

MARGUERITE.

Vous me flattez, comte. Bonjour, seigneur Gaultier, vous deviez m'amener votre frère.

GAULTIER.

Et vous me voyez bien inquiet de lui, madame. Oh! la

maudite ville de Paris! elle est pleine de Bohémiens et sorciers... Ne haussez pas les épaules, monsieur de Marigny, je ne vous accuse pas; la ville grandissant tous les jours ainsi qu'elle fait échappe à votre puissance. Ce matin encore on a retrouvé sur la Grève, un peu au-dessous de la tour de Nesle, un cadavre.

MARIGNY.

Deux, monsieur.

MARGUERITE, *à part*.

Deux!

GAULTIER.

Et qui voulez-vous qui fasse ces meurtres, sinon Bohémiens et sorciers qui ont besoin de sang pour leurs conjurations? Croyez-vous qu'on force la nature à révéler ses secrets sans d'horribles profanations?

MARGUERITE.

Vous oubliez, messire Gaultier, que monsieur de Marigny ne croit pas à la nécromancie.

SAVOISY, *à la fenêtre*.

Il n'y croit pas. Eh! madame, on n'a qu'à jeter les yeux dans la rue, on n'y voit que nécromanciens et sorciers; en face même de votre palais, en voici un qui semble attendre qu'on le consulte, tant il fixe les yeux avec acharnement sur cette fenêtre.

MARGUERITE.

Appelez-le, seigneur de Savoisy, je ne serais pas fâchée qu'il nous annonçât ce qui arrivera à monsieur de Marigny au retour du roi; voulez-vous, messieurs?

PIERREFONDS.

Notre reine est maîtresse.

SAVOISY, *criant à la fenêtre*.

Monte ici, Bohémien, et fais provision de bonnes nouvelles; c'est une reine qui veut savoir l'avenir.

MARGUERITE.

Allons, messieurs, il faut recevoir dignement ce savant nécromancien.

SAVOISY.

Oui, sans doute; mais comme sa science peut lui venir également de Dieu ou de Satan, à tout hasard signons-nous. (*Ils font tous le signe de la croix, à l'exception de Marigny.*) Le voici; pardieu! il a passé à travers les murs. (*allant à lui.*) Bohémien maudit, la reine t'a fait venir pour que tu dises au premier ministre...

LE BOHÉMIEN, *entrant par la porte de droite.*

Laisse-moi donc aller à lui, si tu veux que je lui parle. Enguerrand de Marigny, me voilà.

MARIGNY.

Ecoute, sorcier, si tu veux être le bienvenu ici, annonce-moi plutôt mille disgraces qu'une disgrace, mille morts qu'une mort, et je puis ajouter encore qu'autant tes prédictions trouveront les autres confians et joyeux, autant tu me trouveras tranquille et incrédule.

LE BOHÉMIEN.

Enguerrand, je n'ai qu'une disgrace et une mort à t'annoncer, mais une disgrace prochaine et une mort terrible. Si tu as quelque compte à régler avec Dieu, hâte-toi, car par ma voix il ne te donne que trois jours.

MARIGNY.

Merci, Bohémien; car chacun de nous ne sait pas même s'il a trois heures; d'autres t'attendent... merci.

LE BOHÉMIEN.

Que veux-tu que je te dise, à toi, Gaultier Daulnay? à ton âge, le passé c'est hier, l'avenir c'est demain.

GAULTIER.

Eh bien! parle-moi du présent.

LE BOHÉMIEN.

Enfant, demande-moi plutôt le passé; demande-moi plu... ...nir; mais le présent! non, non!

GAULTIER.

Sorcier, je veux le savoir. Que se passe-t-il maintenant en moi?

LE BOHÉMIEN.

Tu attends ton frère, et ton frère ne vient pas.

GAULTIER.

Et mon frère, où est-il?

LE BOHÉMIEN.

Le peuple se presse en foule sur le rivage de la Seine.

GAULTIER.

Mon frère!

LE BOHÉMIEN

Il entoure deux cadavres en criant: malheur!

GAULTIER.

Mon frère!

LE BOHÉMIEN.

Descends, et cours à la grève.

GAULTIER.

Mon frère !

LE BOHÉMIEN.

Et là, regarde au bras gauche de l'un des noyés, et une voix de plus criera : malheur ! malheur !

GAULTIER, *se précipitant hors l'appartement.*

Mon frère ! mon frère !

LE BOHÉMIEN, *se retournant vers la reine.*

Et vous, Marguerite de Bourgogne, ne voulez-vous rien savoir ? ou croyez-vous que je n'aie rien à vous dire ? Pensez-vous qu'une destinée royale soit surhumaine, et que des yeux mortels ne puissent y lire ?

MARGUERITE.

Je ne veux rien savoir, rien.

LE BOHÉMIEN.

Et tu m'as fait venir, cependant; me voici, Marguerite; maintenant il faut que tu m'entendes.

MARGUERITE, *seule sur son trône.*

Ne vous éloignez pas, monsieur de Marigny.

LE BOHÉMIEN.

Oh ! Marguerite ! Marguerite ! à qui faut-il des nuits bien sombres au dehors, bien éclairées au dedans ?

MARGUERITE.

Qui donc a appelé ce Bohémien ? Qui l'a appelé ? que me veut-il ?

LE BOHÉMIEN, *mettant le pied sur la première marche du trône.*

Marguerite, n'est-ce pas qu'à ton compte il manque un cadavre ? n'est-ce pas que tu croyais ce matin entendre dire trois au lieu de deux ?

MARGUERITE, *se levant.*

Tais-toi donc, ou dis-moi qui te donne cette puissance de deviner.

LE BOHÉMIEN, *lui montrant l'aiguille d'or de sa coiffure.*

Voilà mon talisman, Marguerite. Ah ! tu portes la main à ta joue ! C'est bien, tout est dit. (*à part.*) C'est elle. (*haut.*) Il faut que je te dise un dernier mot que nul n'entende. Arrière, seigneur de Marigny.

MARIGNY.

Bohémien, je n'ai d'ordre à recevoir que de la reine.

MARGUERITE, *descendant du trône.*

Eloignez-vous, éloignez-vous.

LE BOHÉMIEN.

Tu vois que je sais tout, Marguerite ; que ton amour, ton honneur, ta vie sont entre mes mains. Marguerite, ce soir je t'attendrai après le couvre-feu à la taverne d'Orsini. Il faut que je te parle seul.

MARGUERITE.

Une reine de France peut-elle sortir seule à cette heure?

LE BOHÉMIEN.

Il n'y a pas plus loin d'ici à la porte Saint-Honoré que d'ici à la tour de Nesle.

MARGUERITE.

J'irai, j'irai.

LE BOHÉMIEN.

Tu apporteras un parchemin et le sceau de l'Etat.

MARGUERITE.

Soit, mais d'ici là?

LE BOHÉMIEN.

D'ici là, vous allez rentrer dans votre appartement qui sera fermé pour tout le monde.

MARGUERITE.

Pour tout le monde.

LE BOHÉMIEN.

Même pour Gaultier Daulnay, surtout pour Gaultier Daulnay. Messeigneurs, la reine vous remercie et prie Dieu de vous avoir en sa garde ; défendez la porte de vos appartemens, madame.

MARGUERITE.

Gardes, ne laissez entrer personne.

LE BOHÉMIEN.

A ce soir chez Orsini, Marguerite.

MARGUERITE, *en sortant*.

A ce soir.

(Le Bohémien passe au milieu des seigneurs qui s'écartent et le regardent avec terreur.)

SAVOISY.

Messeigneurs, concevez-vous quelque chose de pareil? et cet homme n'est-il pas Satan?

PIERREFONDS.

Qu'a-t-il donc pu dire à la reine?

SAVOISY.

Monsieur de Marigny, vous qui étiez près de Marguerite, avez-vous entendu quelque chose de sa prédiction ?

La Tour. 3

MARIGNY.

Il se peut, messieurs, mais je ne me rappelle que celle qu'il m'a faite.

SAVOISY.

Eh bien ! croirez-vous désormais aux sorciers ?

MARIGNY.

Pourquoi plus qu'auparavant ? Il m'a annoncé ma disgrace ; je suis encore ministre ; il m'a annoncé ma mort... vrai Dieu, messieurs, si l'un de vous est tenté de s'assurer que je suis bien vivant, il n'a qu'à le dire : j'ai au côté une épée qui se chargera en pareil cas de répondre pour son maître.

GAULTIER, *se précipitant dans la salle.*

Justice, justice !

TOUS.

Gaultier !

GAULTIER.

C'était mon frère, messeigneurs, mon frère Philippe, mon seul ami, mon seul parent. Mon frère égorgé ! noyé ! mon frère sur la grève ; malédiction ! il me faut justice, il me faut son assassin, que je l'égorge, que je le foule aux pieds. Son assassin, Savoisy, le connais-tu ?

SAVOISY.

Mais tu es insensé.

GAULTIER.

Non, je suis maudit ; mon grade, mon sang, mon or à qui me le nommera. Monsieur de Marigny, prenez-y garde, c'est vous qui m'en répondez ; vous êtes le gardien de la ville de Paris ; pas une goutte de sang ne s'y verse par un meurtre qu'elle ne vous tache. Où est la reine ? je veux voir la reine, je veux voir Marguerite ; Marguerite me fera justice. Mon frère ! mon frère !

(Il se précipite vers la porte du fond.)

SAVOISY.

Gaultier, mon ami...

GAULTIER.

Je n'ai pas d'ami ; je n'avais qu'un frère, il me faut mon frère vivant ou son assassin mort. Marguerite, Marguerite ! (*Il secoue la porte.*) C'est moi, c'est moi, ouvrez !

UN CAPITAINE.

On ne passe pas.

GAULTIER.

Moi ! moi ! je passe, laissez-moi... Marguerite, mon

frère! (*Les gardes le prennent à bras le corps et l'éloignent; il tire son épée.*) Il faut que je la voie, je le veux. (*Il est désarmé par les gardes.*) Ah! ah! malédiction. (*Il tombe et se roule.*) Ah! mon frère, mon frère!!!

QUATRIÈME TABLEAU.

La taverne d'Orsini (décor du premier acte).

SCÈNE IV.

ORSINI, *seul.*

Allons, il paraît qu'il n'y aura rien à faire ce soir à la tour de Nesle; tant mieux, car il faudra bien que ce sang versé retombe un jour sur quelqu'un, et malheur à celui qui sera choisi de Dieu pour cette expiation! (*On frappe. Il se lève.*) Aurais-je parlé trop tôt? (*On frappe encore.*) Qui va là?

MARGUERITE, *en dehors.*

Ouvrez, c'est moi.

ORSINI.

La reine... (*Il ouvre.*) seule à cette heure?

MARGUERITE, *s'asseyant.*

Oui, seule et à cette heure; c'est étrange, n'est-ce pas? c'est que ce qui m'arrive est étrange aussi. Écoute, n'a-t-on pas frappé?

ORSINI.

Non.

MARGUERITE.

Il faut que tu me cèdes cette chambre pour une demi-heure.

ORSINI.

La maison et le maître sont à vous, disposez-en.

(*On frappe.*)

MARGUERITE, *se levant.*

Cette fois-ci l'on a frappé.

ORSINI.

Voulez-vous que j'ouvre ?

MARGUERITE.

Ce soin me regarde, laissez-moi seule.

ORSINI.

Si la reine a besoin de moi, son serviteur sera là.

MARGUERITE.

C'est bien. Que le serviteur se rappelle seulement qu'il ne doit rien entendre.

ORSINI.

Il sera sourd, comme il sera muet.

(Il sort. — On frappe.)

MARGUERITE.

Est-ce-vous ?

BURIDAN.

C'est moi.

SCENE V.

MARGUERITE, BURIDAN.

MARGUERITE, *ouvrant et reculant.*

Ce n'est point le Bohémien !

BURIDAN.

Non, c'est le capitaine; mais si le capitaine est le Bohémien, cela reviendra au même, n'est-ce pas? J'ai préféré ce costume ; il défendrait mieux au besoin le maître qui le porte que la robe que le maître portait ce matin; puis, par le temps qui court, et à cette heure de nuit, les rues sont mauvaises. Enfin, à tort ou à raison, c'est une précaution que j'ai cru devoir prendre.

MARGUERITE.

Vous voyez que je suis venue.

BURIDAN.

Et vous avez bien fait, reine.

MARGUERITE.

Vous reconnaîtrez de ma part, du moins, que c'est un acte de complaisance?

BURIDAN.

Que vous vinssiez ici par complaisance ou par crainte, j'étais sûr de vous y trouver : pour moi c'était l'essentiel.

MARGUERITE.

Vous n'êtes donc pas de Bohême?

BURIDAN.

Non, par la grace de Dieu; je suis chrétien ou plutôt je l'étais; mais il y a long-temps déjà que je n'ai plus de foi, n'ayant plus d'espoir... Parlons d'autres choses.

(Il prend une chaise.)

MARGUERITE, *s'asseyant*.

J'ai l'habitude qu'on me parle debout et découvert.

BURIDAN, *debout*.

Je te parlerai debout, et découvert Marguerite, parce que tu es femme et non parce que tu es reine. Regarde autour de nous. Y a-t-il un seul objet auquel tu puisses reconnaître le rang auquel tu te vantes d'appartenir, insensée? Ces murs noirs et enfumés ressemblent-ils à la tenture d'un appartement de reine? est-ce un ameublement de reine que cette lampe fumeuse et cette table à demi brisée? Reine, où sont tes gardes? reine, où est ton trône? Il n'y a ici qu'un homme et une femme; et puisque l'homme est tranquille et que la femme tremble, c'est l'homme qui est roi.

MARGUERITE.

Mais qui donc es-tu pour me parler ainsi? d'où vient que tu me crois en ta puissance, et qui te fait penser que je tremble?

BURIDAN.

Qui je suis! je suis à cette heure Buridan le capitaine... peut-être ai-je encore un autre nom qui te serait plus connu; mais en ce moment il est inutile que tu le saches... D'où vient que je te crois en ma puissance... c'est que si tu ne pensais pas y être toi-même, tu ne serais pas venue ainsi... ce qui me fait penser que tu trembles, c'est qu'à ton compte comme au mien il te manque un cadavre; que la Seine n'en a rejeté et n'en pouvait rejeter que deux cette nuit.

MARGUERITE.

Et le troisième?

BURIDAN.

Le troisième... le troisième existe, Marguerite, le troisième, c'est Buridan le capitaine, l'homme qui est devant toi.

MARGUERITE, *se levant*.

C'est impossible.

BURIDAN.

Impossible!... écoute, Marguerite, veux-tu que je te dise ce qui s'est passé cette nuit à la tour de Nesle?

MARGUERITE.

Dis.

BURIDAN.

Il y avait trois femmes, voici leurs noms : la princesse Jeanne, la princesse Blanche et la reine Marguerite. Il y avait trois hommes, et voici leurs noms : Hector de Chevreuse, Buridan le capitaine et Philippe Daulnay.

MARGUERITE.

Philippe Daulnay?

BURIDAN.

Oui, Philippe Daulnay, le frère de Gaultier; celui-là, c'est celui qui a voulu que tu ôtasses ton masque... celui-là, c'est celui qui t'a fait à la figure la cicatrice que voici.

MARGUERITE.

Eh bien! Hector et Philippe sont morts, n'est-ce pas? et tu es resté seul vivant, toi?

BURIDAN.

Seul.

MARGUERITE.

Et voilà que tu t'es dit : Je dirai ce qui s'est passé et je perdrai la reine; la reine aime Gaultier Daulnay et je dirai à Gaultier d'Aulnay : La reine a tué ton frère... Tu es fou, Buridan, car l'on ne te croira pas... tu es bien hardi; car maintenant que je sais ton secret comme tu sais le mien, je pourrais appeler, faire un signe, et dans cinq minutes, Buridan le capitaine aurait rejoint Hector de Chevreuse et Philippe d'Aulnay.

BURIDAN.

Fais-le, et demain... Gaultier Daulnay ouvrira à la dixième heure du matin des tablettes qu'un moine de Saint-François lui a remises aujourd'hui et qu'il a juré sur la croix et l'honneur d'ouvrir, si d'ici là il n'avait pas vu un certain capitaine, qu'il a rencontré à la taverne d'Orsini... Ce capitaine, c'est moi; si tu me fais tuer, Marguerite, il ne me verra pas et il ouvrira les tablettes.

MARGUERITE.

Penses-tu qu'il croira plus à ton écriture qu'à tes paroles?

BURIDAN.

Non, Marguerite, non; mais il croira à l'écriture de son

frère, aux dernières paroles de son frère, écrites avec le sang de son frère, signées de la main de son frère; il croira à ces mots qu'il lira: *Je meurs assassiné par Marguerite de Bourgogne.* Tu n'as quitté Philippe qu'un instant, imprudente, ça été assez. Croira-t-il maintenant l'amant trahi? croira-t-il le frère assassiné? hein! Marguerite, repondsmoi? penses-tu à cette heure qu'il n'y ait qu'à faire tuer Buridan le capitaine pour te débarrasser de lui... fouille mon cœur avec vingt poignards et tu n'y trouveras pas mon secret. Envoie-moi rejoindre dans la Seine mes compagnons de nuit, Hector et Philippe, et mon secret surnagera sur la Seine, et demain, demain, à la dixième heure... Gaultier... Gaultier, mon vengeur, viendra te demander compte du sang de son frère et du mien... Voyons... suis-je un fou... un imprudent, ou mes mesures étaient-elles bien prises?

MARGUERITE.

Si cela est ainsi...

BURIDAN.

Cela est.

MARGUERITE.

Que voulez-vous de moi alors? voulez-vous de l'or? vous fouillerez à pleines mains dans le trésor de l'État. La mort d'un ennemi vous est-elle nécessaire? Voici le sceau et le parchemin que vous m'avez dit d'apporter? êtes-vous ambitieux... je puis vous faire dans l'État ce que vous désirez être... Parlez, que voulez-vous?

BURIDAN.

Je veux tout cela. (*Ils s'asseyent.*) Écoute-moi, Marguerite; comme je l'ai dit, il n'y a ici ni roi, ni reine... il y a un homme et une femme qui vont faire un pacte, et malheur à qui des deux le rompra avant de s'être assuré de la mort de l'autre... Marguerite, je veux assez d'or pour en paver un palais.

MARGUERITE.

Tu l'auras, dussé-je faire fondre le sceptre et la couronne!

BURIDAN.

Je veux être premier ministre.

MARGUERITE.

C'est le sir Enguerrand de Marigny qui tient cette place.

BURIDAN.

Je veux son titre et sa place.

MARGUERITE.

Mais tu ne peux les avoir que par sa mort.

BURIDAN, *raillant.*

Je veux son titre et sa place.

MARGUERITE.

Tu les auras.

BURIDAN.

Et je te laisserai ton amant et je te garderai ton secret... C'est bien. (*Il se lève.*) A nous deux maintenant, à nous deux le royaume de France ; à nous deux nous remuerons l'État avec un signe ; à nous deux nous serons le roi et le véritable roi ; et je garderai le silence, Marguerite ; et tu auras chaque soir ta barque amarrée au rivage, et je ferai murer les fenêtres du Louvre qui donnent sur la tour de Nesle ; acceptes-tu, Marguerite?]

MARGUERITE.

J'accepte.

BURIDAN.

Tu entends, Marguerite, demain à pareille heure je veux être premier ministre.

MARGUERITE.

Tu le seras.

BURIDAN.

Et demain matin à dix heures j'irai à la cour prendre mes tablettes.

MARGUERITE, *se levant.*

Vous y serez bien reçu.

BURIDAN, *prenant un parchemin, et lui présentant la plume.*

L'ordre d'arrêter Marigny.

MARGUERITE, *signant.*

Le voici.

BURIDAN.

C'est bien. Adieu, Marguerite, à demain.

(Il prend son manteau et sort.)

SCÈNE VI.

MARGUERITE, *seule et le suivant des yeux.*

A demain, démon ; oh! si je te tiens un jour entre mes mains comme tu m'as tenu ce soir dans les tiennes... Si ces tablettes maudites... Malheur, malheur à toi de me venir ainsi braver; moi, fille de duc; moi, femme de roi; moi, régente de France!... Oh! ces tablettes... la moitié de mon sang à qui me les donnera... Si je pouvais voir Gaultier avant demain dix heures, si je pouvais lui reprendre ces tablettes... Gaultier qui ne me parlera que de son frère, qui va me demander justice du meurtre de son frère; mais il m'aime plus que tout au monde, et s'il craint de me perdre il oubliera tout, même son frère... Il faut que je le voie ce soir... où le trouver? je tremble de me confier encore à cet Italien, il sait déjà tant de mes secrets. Il me semble avoir vu remuer cette porte... Buridan ne l'avait pas fermée... elle s'ouvre.. un homme! Orsini? à moi Orsini?

SCÈNE VII.

MARGUERITE, GAULTIER.

GAULTIER.

Marguerite, c'est toi, Marguerite?

MARGUERITE.

Gaultier, c'est mon bon génie qui me l'envoie.

GAULTIER.

Je t'ai cherchée toute la journée pour te demander justice, Marguerite... Je venais chez Orsini pour qu'il m'aidât à te voir, car il me faut justice... Te voilà, ma reine... Justice! justice!

MARGUERITE.

Et moi, je venais chez Orsini, comptant t'envoyer chercher par lui; car avant de me séparer de toi, je voulais te dire adieu.

GAULTIER.

Adieu, dis-tu... Pardon, je ne comprends pas bien... car une seule idée me poursuit, m'obsède... je vois toujours sur cette grève nue le corps de mon frère, noyé... souillé... percé de coups... Il me faut son meurtrier, Marguerite.

MARGUERITE.

Oui, j'ai donné des ordres... ton frère sera vengé, Gaultier... son meurtrier, nous le trouverons, je te le jure... Mais le roi arrive demain, il faut nous séparer.

GAULTIER.

Nous séparer?... qu'est-ce que tu dis là... mes pensées

sont comme une nuit d'orage, et ce que tu viens de me dire comme un éclair qui me permet d'y lire un instant... Oui, nous nous séparerons... oui, quand mon frère sera vengé.

MARGUERITE.

Nous nous séparerons demain,.. le roi vient demain ; oh ! pourquoi dans le cœur de mon Gaultier, dans ce cœur qui était tout entier à sa Marguerite, un autre sentiment est-il venu remplacer l'amour ? hier encore il était tout à moi ce cœur. (*Elle met la main sur la poitrine de Gaultier; à part.*) Les tablettes sont là.

GAULTIER.

Oui, tout entier à la vengeance ; puis après, tout entier à toi.

MARGUERITE.

Qu'as-tu donc là ?

GAULTIER.

Ce sont des tablettes.

MARGUERITE.

Oui, des tablettes qu'un moine t'a remises ce matin : tu es le dépositaire heureux des pensées de quelqu'une des femmes de ma cour.

GAULTIER.

Oh ! Marguerite, te railles-tu de moi ? Non : ces tablettes me viennent d'un capitaine que je n'ai vu qu'une fois, dont je ne sais pas même le nom, qui me les a envoyées je ne sais pourquoi, et qui était hier ici avec mon frère, mon pauvre frère !

MARGUERITE.

Tu penses que je croirai cela, Gaultier ? mais qu'importe ? la jalousie sied-elle à ceux qui vont être séparés à jamais ? Adieu, Gaultier, adieu !

GAULTIER.

Que fais-tu, Marguerite ? tu veux donc me rendre fou ! Je viens, désespéré, te redemander mon frère, et tu me parles de départ ; un premier malheur m'ébranle et tu m'écrases avec un second. Pourquoi partir, pourquoi me dire adieu ?

MARGUERITE.

Le roi a des soupçons, Gaultier ; il ne faut pas qu'il te trouve ici : d'ailleurs, tu emporteras ces tablettes pour te consoler.

GAULTIER.

Tu crois donc réellement que c'est d'une femme ?

MARGUERITE.

J'en suis sûre. Déjà mille fois tu m'aurais rassurée en me les montrant.

GAULTIER.

Mais le puis-je? Sont-elles à moi? J'ai juré sur l'honneur de ne les ouvrir que demain, ou de les rendre à celui à qui elles appartiennent, s'il me les réclame. Puis-je te rendre plus claire une chose que je ne comprends pas moi-même? J'ai juré sur l'honneur qu'elles ne sortiraient point de mes mains. Voilà tout; j'ai juré.

MARGUERITE.

Et moi, je n'avais rien juré sur l'honneur, n'est-ce pas? Je n'ai violé aucun serment pour toi, n'est-ce pas? Oublie que j'ai été pour toi parjure, car le parjure est dans l'amour plutôt encore que dans l'adultère. Oublie et garde ta parole, et moi ma jalousie. Adieu!

GAULTIER.

Marguerite, au nom du ciel!...

MARGUERITE.

L'honneur! l'honneur d'un homme!..... Et l'honneur d'une femme, n'est-ce donc rien? Tu as juré; mais moi, un mot, une pensée de toi, m'a fait oublier un serment fait à Dieu, et je l'oublierais encore; et si tu m'en priais, j'oublierais le monde entier pour toi.

GAULTIER.

...ant tu veux que je parte! tu veux que nous ....rions!

MARGUERITE.

Oui, oui. Je l'ai promis au saint tribunal, cette séparation. Eh bien! si tu l'exigeais, si j'avais la certitude que ces tablettes ne sont pas d'une femme, eh bien! je braverais pour toi l'anathème de Dieu comme j'ai bravé celui des hommes; car penses-tu qu'à la cour on croie à la pureté de notre amour? Ils me croient coupable, n'est-ce pas, comme si je l'étais; eh bien! malgré la nécessité de ton départ, si tu me priais comme je te prie, je te dirais: Reste, mon Gaultier, reste; meure ma réputation, meure ma puissance! mais reste, reste près de moi, près de moi toujours!

GAULTIER.

Tu ferais cela?

MARGUERITE.

Oui! mais je suis une femme!... moi dont l'honneur n'est rien, qui peut être parjure impunément et qu'on peut torturer à loisir, pourvu qu'on ne manque pas à sa parole de gentilhomme ; qu'on peut faire mourir de jalousie, pourvu qu'on garde son serment.

GAULTIER.

Mais si l'on savait jamais...

MARGUERITE.

Qui le saura? avons-nous des témoins ici?

GAULTIER.

Tu me les rendras demain avant dix heures.

MARGUERITE.

Je te les rendrai à l'instant même.

GAULTIER.

Mon Dieu, pardonnez-moi ! mais est-ce un ange ou un démon qui me fait ainsi oublier mon frère, mes sermens, mon honneur?

MARGUERITE, *les prenant.*

Je les tiens.

(Elle entre dans la chambre voisine.)

GAULTIER, *seul.*

Marguerite ! Marguerite ! Oh! faiblesse humaine ! oh! pardon, mon frère ! étais-je venu pour parler d'amour? étais-je venu pour rassurer les craintes frivoles d'une femme? J'étais venu pour te venger, mon frère ! pardon.

MARGUERITE, *rentrant.*

Oh ! j'étais insensée ! Non, non ! il n'y avait rien dans ces tablettes; ce n'était point une femme qui te les avait données ! Mon Gaultier ne ment pas lorsqu'il dit qu'il m'aime, qu'il n'aime que moi. Eh bien ! moi aussi je n'aime que lui ; moi aussi je tiendrai ma promesse, et nous ne serons pas séparés; peu m'importent les soupçons du roi ; je serais si heureuse de souffrir pour mon chevalier !

GAULTIER.

Pensons à mon frère, Marguerite.

MARGUERITE.

Eh bien ! mon ami, des recherches ont déjà été faites, et l'on soupçonne...

GAULTIER.

Et qui soupçonne-t-on?

MARGUERITE.

Un capitaine étranger qui n'est ici que depuis quelques jours, qui doit demain pour la première fois venir à la cour.

GAULTIER.

Son nom?

MARGUERITE.

Buridan, je crois.

GAULTIER.

Buridan! et vous avez donné l'ordre qu'il fût arrêté, n'est-ce pas?

MARGUERITE.

C'est ce soir seulement que j'ai su cela, et je n'avais point là mon capitaine des gardes.

GAULTIER.

L'ordre! l'ordre! que j'arrête cet homme-là moi-même! Oh! un autre n'arrêtera pas l'assassin de mon frère! l'ordre, Marguerite! l'ordre, au nom du ciel.

MARGUERITE.

Tu l'arrêteras, toi?

GAULTIER.

Oui! fût-il en prière au pied de l'autel, je l'arracherai du pied de l'autel. Oui, je l'arrêterai, partout où il sera.

MARGUERITE *va à la table et signe un parchemin.*
Voilà l'ordre.

GAULTIER.

Merci, merci, ma reine.

MARGUERITE, *menaçante.*

Oh! Buridan, c'est moi maintenant qui tiens ta vie entre mes mains.

FIN DU DEUXIÈME ACTE.

ACTE III.

CINQUIÈME TABLEAU.

Le devant du vieux Louvre. Le talus descendant à la rivière. Un balcon praticable. Une poterne. — Au lever du rideau, Richard regarde couler la rivière; d'autres manans causent en regardant le Louvre.

SCÈNE PREMIÈRE.
RICHARD, SIMON *passant*, MANANS.

SIMON.

Ohé! c'est toi, maître Richard? est-ce que de cavatier, tu es devenu pêcheur?

RICHARD.

Non, mais tu sais que toute la noblesse du royaume s'en va au diable; et comme il paraît que le chemin est plus court par eau que par terre, elle s'en va par eau.

SIMON.

Et qu'est-ce que tu fais là? le nez à la rivière et le dos au Louvre?

RICHARD.

Je regarde au pied de la vieille tour de Nesle s'il n'y a pas quelque pélerin qui passe, afin de lui crier bon voyage.

UN ARBALÊTRIER, *en faction à la porte de la poterne.*

Holà! manans! allez causer plus loin.

RICHARD.

Merci, monsieur le garde. (*s'en allant.*) Le diable te torde le cou dans ta poivrière, à toi.

SCÈNE II.

LES PRÉCÉDENS, SAVOISY, *avec un page,* SIR RAOUL, *puis* SIR DE PIERREFONDS.

SAVOISY, *se trouvant face à face avec Richard.*
Prends le bas du pavé, drôle.

RICHARD, *descendant.*
Oui, monseigneur. (*s'en allant.*) Tu prendras le haut de la Seine, toi, quelque jour.

SAVOISY.
Tu parles, je crois?

RICHARD.
Je prie Dieu qu'il vous conserve.

SAVOISY.
Fort bien.

LE PAGE.
La porte du Louvre est fermée, monseigneur.

SAVOISY.
Cela ne se peut pas, Olivier; il est neuf heures.

LE PAGE.
Cela est cependant, voyez vous-même.

SAVOISY.
Voilà qui est étrange. (*à un autre seigneur qui arrive avec un page.*) Comprenez-vous, sir Raoul, ce qui arrive?

RAOUL.
Qu arrive-t-il?

SAVOISY.
Le Louvre fermé à cette heure!

RAOUL.
Attendons un instant, on va l'ouvrir, sans doute.

SAVOISY.
Le temps est beau, promenons-nous en attendant.

RAOUL.
Arbalétrier!

L'ARBALÉTRIER.
Monseigneur!

RAOUL.
Sais-tu pourquoi cette porte n'est pas ouverte?

L'ARBALÉTRIER.
Non, monseigneur.

PIERREFONDS, *arrivant.*

Salut, messires. Il paraît que la reine tient ce matin sa cour sous son balcon.

SAVOISY.

Vous avez deviné du premier coup, sire de Pierrefonds.

SCÈNE III.

LES PRÉCÉDENS, BURIDAN, *suivi de cinq gardes.*

BURIDAN, *plaçant ses gardes au fond.*

Restez là.

SAVOISY.

Puisque vous êtes si excellent sorcier, pouvez-vous me dire quel est ce nouveau venu? et s'il est marquis ou duc, pour avoir une garde de cinq hommes?

PIERREFONDS.

Je ne le connais pas; c'est sans doute quelque Italien qui cherche fortune.

SAVOISY.

Et qui mène derrière lui de quoi la prendre.

BURIDAN, *s'arrêtant et les regardant.*

Et à son côté de quoi la garder, messeigneurs, une fois qu'il l'aura prise.

SAVOISY.

Alors vous me donnerez votre secret, mon maître?

BURIDAN.

J'espère qu'il ne me faudra qu'une leçon pour vous l'apprendre.

SAVOISY.

Il me semble que j'ai entendu cette voix.

RAOUL *et* PIERREFONDS.

Moi aussi.

SAVOISY.

Ah! voilà notre digne ministre, sir Enguerrand de Marigny, qui vient monter sa garde avec nous.

BURIDAN, *à ses gardes.*

Attention!

SCÈNE IV.

LES PRÉCÉDENS, MARIGNY.

MARIGNY, *essayant d'entrer.*

D'où vient qu'on n'entre pas au palais?

BURIDAN.

Je vais vous le dire, monseigneur, c'est parce qu'il y avait une arrestation à faire ce matin, et que l'intérieur du palais est lieu d'asile.

MARIGNY.

Une arrestation sans que j'en sache quelque chose?

BURIDAN.

Aussi vous attendais-je là, monseigneur, pour vous en faire prendre connaissance ; lisez.

SAVOISY *et* LES SEIGNEURS, *regardant.*

Il me semble que cela se complique.

MARIGNY.

Donnez.

BURIDAN.

Lisez haut.

MARIGNY.

« Ordre de Marguerite de Bourgogne, reine régente de France, au capitaine Buridan, d'arrêter et saisir au corps partout où il le trouvera le sir Enguerrand de Marigny. »

BURIDAN.

C'est moi qui suis le capitaine Buridan.

MARIGNY.

Et vous m'arrêtez de par la reine?

BURIDAN.

Votre épée.

MARIGNY.

La voici ; tirez-la du fourreau, monsieur, elle est pure et sans tache, n'est-ce pas? Eh! maintenant que le bourreau tire mon âme de mon corps, elle sera comme cette épée...

SCÈNE V.

les précédens, LA REINE et GAULTIER, *au balcon.*

GAULTIER.

Est-il parmi ces jeunes seigneurs, Marguerite?

MARGUERITE.

C'est celui qui parle à Marigny, et qui tient l'épée nue.

GAULTIER.

Bien.

(Ils disparaissent tous deux.)

MARIGNY.

Je suis prêt, marchons.

BURIDAN, *aux gardes.*

Conduisez le sir Enguerrand de Marigny au château de Vincennes.

MARIGNY.

Et de là?

BURIDAN.

A Montfaucon probablement, monseigneur; vous avez eu soin de faire élever le gibet, il est juste que vous l'essayiez. Ne vous plaignez donc pas.

MARIGNY.

Capitaine, je l'avais fait élever pour les criminels et non pour les martyrs. La volonté de Dieu soit faite!

SAVOISY.

Eh bien! je réponds que s'il en réchappe le ministre croira désormais aux sorciers.

BURIDAN, *laissant tomber sa tête sur sa poitrine.*

Cet homme est un juste.

PIERREFONDS.

Ah! miracle! la poterne s'ouvre, messieurs.

SAVOISY.

Pour laisser sortir, ce me semble, mais non pour laisser entrer.

GAULTIER, *sortant avec quatre gardes, met la main sur l'épaule de Buridan qui lui tourne le dos.*

Est-ce vous qui êtes le capitaine Buridan?

BURIDAN, *se retournant.*

C'est moi.

GAULTIER.

Eh quoi! c'est vous? vous qui étiez à la taverne d'Orsini

avec mon frère? c'est vous qui êtes Buridan, soupçonné et accusé de sa mort?

BURIDAN, *regardant le balcon.*

Ah! c'est moi qu'on accuse?

GAULTIER.

En effet, c'est vous qui l'excitiez à ce funeste rendez-vous... Je l'en détournais, moi; vous l'y avez entraîné. Pauvre Philippe! c'est donc bien vous! Lisez cet ordre de la reine, monsieur.

SAVOISY.

Ah! çà; mais la reine a donc passé la nuit à signer des ordres?

GAULTIER.

Lisez haut.

BURIDAN.

« Ordre de Marguerite de Bourgogne, reine régente de France, au capitaine Gaultier Daulnay, de saisir au corps partout où il le trouvera le capitaine Buridan. » Et c'est vous qu'on a choisi pour mon arrestation? On a voulu, je le vois, que vous fussiez exact au rendez-vous que vous a donné le moine; il est dix heures, et à dix heures en effet nous devions nous rencontrer.

GAULTIER.

Votre épée?

BURIDAN.

La voici; mes tablettes?..

GAULTIER.

Vos tablettes?

BURIDAN.

Oui; ne les avez-vous plus?

SAVOISY.

Ah! çà, mais il paraît qu'on arrête tout le monde aujourd'hui.

BURIDAN *ouvre vivement ses tablettes et cherche.*

Malédiction! Gaultier, Gaultier! ces tablettes sont sorties de vos mains?

GAULTIER.

Que dites-vous?

BURIDAN.

Ces tablettes sont passées entre les mains de la reine.

GAULTIER.

Comment cela?

BURIDAN.

Un instant, une minute, n'est-ce pas? par force ou par surprise... ces tablettes sont sorties un instant de vos mains, avouez-le donc.

GAULTIER.

Je l'avoue. Eh bien!

BURIDAN.

Eh bien! cet instant, si court qu'il ait été, a suffi pour signer un arrêt de mort; cet arrêt est le mien; et mon sang retombera sur vous, car c'est vous qui me tuez.

GAULTIER.

Moi!

BURIDAN.

Voyez-vous l'endroit où l'on a déchiré une feuille?

GAULTIER.

Oui.

BURIDAN.

Eh bien! sur cette feuille qui manque il y avait écrit par votre frère, avec le sang de votre frère, signé de la main de votre frère...

GAULTIER.

Il y avait... quoi? achevez donc.

BURIDAN.

Oh! vous ne le croirez pas maintenant, maintenant que la feuille est déchirée; car l'on vous aveugle... car vous êtes un insensé.

GAULTIER.

Il y avait... au nom du ciel! achevez donc. Qu'y avait-il d'écrit sur cette feuille?

BURIDAN.

Il y avait...

MARGUERITE, *paraissant au balcon.*

Gardes! conduisez cet homme à la prison du grand Châtelet.

(*Les gardes entourent Buridan.*)

GAULTIER.

Mais qu'y avait-il?

BURIDAN.

Il y avait : Gaultier Daulnay est un homme sans foi et sans honneur qui ne sait pas garder un jour ce qui a été confié à son honneur et à sa foi... Voilà ce qu'il y avait, gentilhomme déloyal; voilà ce qu'il y avait. (*se retournant vers le balcon.*) Bien joué, Marguerite. A toi la première partie, mais à moi la revanche, je l'espère!... Marchons, messieurs.

(Sortie.)

SAVOISY.

Si j'y comprends quelque chose, je veux que Satan m'extermine.

MARGUERITE.

Vous oubliez que la porte du Louvre est ouverte, messeigneurs, et que la reine vous attend.

SAVOISY.

Ah! c'est juste; allons faire notre cour à la reine.

SIXIÈME TABLEAU.

Un caveau du grand Châtelet.

SCÈNE VI.

BURIDAN, *seul, lié et couché.*

Un des hommes qui m'ont descendu ici m'a serré la main; mais que pourra-t-il pour moi?... en supposant même que je ne me sois pas trompé... me procurer de l'eau un peu plus fraîche, du pain un peu moins noir et un prêtre à l'heure de ma mort... J'ai compté les deux cent-vingt marches qu'ils ont descendu, les douze portes qu'ils ont ouvertes... Allons, Buridan, allons; songe à mettre de l'ordre dans ta conscience : tu as à démêler avec Satan un compte long et embrouillé... Insensé! dix fois insensé que j'ai été; je connais les hommes, leur honneur qui se brise comme verre, qui fond comme neige quand l'haleine ardente d'une femme souffle dessus... Et j'ai été suspendre ma vie à ce fil!... Insensé! cent fois, mille fois insensé!.. Comme elle est contente à cette heure! comme elle raille! comme elle serre son amant entre ses bras!... Comme chacun de ses baisers arrache à Gaultier un remords du cœur, tandis que moi... moi, je me roule sur la terre de ce cachot... J'aurais dû éloigner le jeune homme... Si jamais!... (*riant.*) C'est possible!... c'est une seule étoile dans un ciel sombre; c'est un feu follet pour le voyageur perdu.

Elle ne me laissera pas mourir ainsi ; elle voudra me voir, ne fût-ce que pour insulter à ma mort... O démons !... démons qui faites le cœur des femmes... oh ! j'espère que vous n'aurez oublié dans le sien aucun des sentimens pervers que je lui crois, car c'est sur l'un d'eux que je compte... Mais quel peut être cet homme qui m'a serré la main en me descendant ici? Peut-être vais-je le savoir, la porte s'ouvre.

SCÈNE VII.

BURIDAN, LANDRY.

LANDRY.

Capitaine, où êtes-vous!

BURIDAN.

Ici.

LANDRY.

C'est moi.

BURIDAN.

Qui, toi? je n'y vois pas.

LANDRY.

A-t-on besoin de voir ses amis pour les reconnaître?

BURIDAN.

C'est la voix de Landry!

LANDRY.

A la bonne heure.

BURIDAN.

Peux-tu me sauver?

LANDRY.

Impossible.

BURIDAN.

Que diable alors viens-tu faire ici?

LANDRY.

J'y suis guichetier depuis hier.

BURIDAN.

Il paraît que tu cumules : guichetier au Châtelet, assassin à la tour de Nesle !... Marguerite de Bourgogne doit te donner bien de l'occupation dans ces deux emplois?

LANDRY.

Mais oui, assez.

BURIDAN.

Et tu ne peux ici rien pour moi, pas même me faire venir un confesseur, celui que je te désignerai?

LANDRY.

Non ; mais je puis écouter votre confession, la répéter mot pour mot à un prêtre ; et s'il y a une pénitence à faire, foi de soldat ! je la ferai pour vous.

BURIDAN.

Imbécile. Peux-tu me donner de quoi écrire?

LANDRY.

Impossible.

BURIDAN.

Peux-tu fouiller dans ma poche et y prendre une bourse pleine d'or?

LANDRY.

Oui, capitaine.

BURIDAN.

Prends donc, dans cette poche... celle-ci.

LANDRY.

Après?

BURIDAN.

Combien touches-tu de livres, par an?

LANDRY.

Six livres.

BURIDAN.

Compte ce qu'il y a dans cette bourse pendant que je vais réfléchir. (*Pause d'un instant.*) As-tu compté?

LANDRY.

Avez-vous réfléchi?

BURIDAN.

Oui; combien y a-t-il?

LANDRY.

Trois marcs d'or.

BURIDAN.

Cent soixante-cinq livres-tournois. Ecoute. Il te faudra passer ici, dans une prison, vingt-huit ans de ta vie pour gagner cette somme. Jure-moi, sur ton salut éternel, de faire ce que je vais te prescrire, et cette somme est à toi : c'est tout ce que je possède. Si j'avais plus, je te donnerais plus.

LANDRY.

Et vous ?

BURIDAN.

Si l'on me pend, ce qui est probable, le bourreau se chargera des frais d'enterrement, et je n'ai pas besoin de cette somme ; si je me sauve, ce qui est possible, tu auras quatre fois cette somme, et moi mille.

LANDRY.

Qu'y a-t-il à faire, capitaine?

BURIDAN.

Une chose bien simple. Tu peux sortir du Châtelet : et une fois sorti n'y plus rentrer.

LANDRY.

Je ne demande pas mieux.

BURIDAN.

Tu iras te loger chez Pierre de Bourges, le tavernier, par-devers les Innocens : c'est là où je logeais. Tu demanderas la chambre du capitaine, on te donnera la mienne.

LANDRY.

Jusqu'à présent, cela ne me paraît pas bien difficile.

BURIDAN.

Ecoute : une fois entré dans cette chambre, tu t'y renfermeras ; tu compteras les dalles qui la pavent à partir du coin où se trouve un crucifix. (*Landry se signe.*) Ecoute-moi donc. Sur la septième, tu verras une croix ; tu la soulèveras avec ton poignard ; et sous une couche de sable, tu trouveras une petite boîte de fer dont la clef est dans cette bourse ; tu pourras l'ouvrir pour t'assurer que ce sont des papiers et non pas de l'or. Puis, si demain, à l'heure de la rentrée du roi dans Paris, tu ne m'as pas revu sain et sauf ; si je ne t'ai pas dit, rends-moi cette boîte et cette clef, tu les remettras toutes deux à Louis X, roi de France, et si je suis mort, tu m'auras vengé. Voilà tout : mon ame sera tranquille, et c'est à toi que je le devrai.

LANDRY.

Et je ne courrai pas d'autre risque?

BURIDAN.

Pas d'autre.

LANDRY.

Vous pouvez compter sur moi.

BURIDAN.

Sur ton salut éternel, tu promets de faire ce que je t'ai dit?

LANDRY.

Sur la part que j'espère dans le paradis, je le jure.

BURIDAN.

Maintenant, adieu, Landry. Sois honnête homme, si tu peux.

LANDRY.

Je ferai ce que je pourrai, mon capitaine; mais c'est bien difficile.

(Il sort.)

SCÈNE VIII.

BURIDAN, seul.

Allons! allons! viennent le bourreau et la corde, et la vengeance est assise au pied du gibet. La vengeance! mot joyeux et sublime lorsqu'il est prononcé par une bouche vivante; mot sonore et vide prononcé sur une tombe qui, si haut qu'il retentisse, ne réveille pas le cadavre endormi dans le tombeau.

SCENE IX.

BURIDAN, MARGUERITE, ORSINI.

MARGUERITE, *entrant par une porte secrète, tenant une lampe à la main, à Orsini.*

Est-il lié de manière à ce que je puisse m'approcher de lui sans crainte?

ORSINI.

Oui, madame.

MARGUERITE.

Eh bien! attendez-moi là, Orsini; et au moindre cri soyez à moi.

(Orsini sort.)

BURIDAN.

Une lumière! Quelqu'un vient!

MARGUERITE, *s'approchant.*

Oui, quelqu'un! Ne comptais-tu pas revoir quelqu'un avant de mourir?

BURIDAN, *riant.*

Je l'espérais ; mais je n'y comptais pas. Ah ! Marguerite, tu l'es dit : il ne mourra pas sans que je jouisse de mon triomphe, sans qu'il sache que c'est bien moi qui le tue. Femme de toutes les voluptés, à moi, à moi, celle-là ! Ah ! Marguerite, oui ! oui ! j'avais compté sur ta présence, tu as raison.

MARGUERITE.

Mais, sans espoir ? n'est-ce pas, tu me connais assez pour savoir qu'après m'avoir réduite à la crainte, abaissée à la prière, il n'y a ni crainte ni prières qui me fléchissent le cœur. Oh ! tes mesures étaient prises, Buridan ; seulement tu avais oublié que dès que l'amour, l'amour effréné entre dans le cœur d'un homme, il y ronge tous les autres sentimens, qu'il y vit aux dépens de l'honneur, de la foi du serment, et tu as été confier au serment, à la foi, à l'honneur d'un homme amoureux, amoureux de moi, la preuve, la seule preuve que tu eusses contre moi ; tiens ! la voilà, cette page précieuse de tes tablettes, la voilà ! « *Je meurs assassiné de la main de Marguerite. Philippe Daulnay.* » Dernier adieu du frère au frère, et que le frère m'a remis. Tiens ! tiens, regarde ! (*prenant la lampe.*) Meure avec cette dernière flamme, ta dernière espérance ! Suis-je libre maintenant, Buridan ? Puis-je faire de toi ce que je voudrai ?

BURIDAN.

Qu'en feras-tu ?

MARGUERITE.

N'es-tu pas arrêté comme meurtrier de Philippe Daulnay ? que fait-on des meurtriers ?

BURIDAN.

Et quel tribunal me jugera sans m'entendre ?

MARGUERITE.

Un tribunal ! mais tu es fou ; est-ce qu'on juge les hommes qui portent en eux de tels secrets ? Il y a des poisons si violens qu'ils brisent le vase qui les renferme. Ton secret est un de ces poisons. Buridan, quand un homme comme toi est arrêté, on le lie comme tu es lié, on le met dans un cachot pareil à celui-ci. Si l'on ne veut pas perdre et son ame et son corps à la fois, à minuit on fait entrer dans sa prison un prêtre et un bourreau ; le prêtre commence ; il y a dans cette prison un anneau de fer pareil à celui-ci, des murs aussi sourds et aussi épais que ceux-ci, des murs qui étouffent les cris, éteignent les sanglots, absorbent l'agonie; le prêtre sort le premier, et le bourreau ensuite; puis, lorsque le lendemain le guichetier entre dans la prison, il remonte tout effrayé, disant que le condamné à qui on avait eu l'imprudence de laisser les mains libres s'est étranglé lui-même, preuve qu'il était coupable.

BURIDAN.

Je vois que nous avons même franchise, Marguerite, je t'avais dit mes projets et tu me dis les tiens.

MARGUERITE.

Tu railles, ou plutôt tu veux railler; ton orgueil se révolte de ma victoire; tu voudrais me laisser croire que tu as quelque moyen de m'échapper pour tourmenter mon sommeil ou mes plaisirs; mais non, non, ton sourire ne me trompe pas, les damnés rient aussi pour faire croire à l'absence de la douleur; non, tu ne peux m'échapper, n'est-ce pas? C'est impossible, tu es bien lié, ces murs sont bien épais, ces portes bien solides; non, non, tu ne peux pas m'échapper, et je m'en vais. Adieu; Buridan, as-tu quelque chose à me dire?

BURIDAN.

Une seule.

MARGUERITE

Parle.

BURIDAN.

C'est un souvenir de jeunesse que je veux te raconter. en 1293, il y a vingt ans de cela, la Bourgogne était heureuse, car elle avait pour duc bien-aimé Robert II. (Ne m'interromps pas et accorde dix minutes à celui pour qui va s'ouvrir l'éternité.) Le duc Robert avait une fille, jeune et belle, l'enveloppe d'un ange, et l'âme d'un démon; on l'appelait Marguerite de Bourgogne. (Laisse-moi achever.) Le duc Robert avait un page, jeune et beau, au cœur candide et croyant, aux cheveux blonds et au teint rosé; on l'appelait LYONNET DE BOURNONVILLE. Ah! tu écoutes avec plus d'attention, ce me semble! Le page et la jeune fille s'aimèrent; celui qui les aurait vus tous deux à cette époque et qui les reverrait maintenant ne les reconnaîtrait certes plus; et peut-être, s'ils se rencontraient, ne se reconnaîtraient-ils pas eux-mêmes.

MARGUERITE.

Où va-t-il en venir?

BURIDAN.

Oh! tu vas voir, c'est une histoire bizarre. Le page et la jeune fille s'aimèrent donc à l'insu de tout le monde; chaque nuit, une échelle de soie conduisait l'amant dans les bras de sa maîtresse, et chaque nuit la maîtresse et l'amant prenaient rendez-vous pour la nuit suivante. Un jour, la fille du duc Robert annonça en pleurant à Lyonnet de Bournonville qu'elle allait être mère.

MARGUERITE.

Grand Dieu !

BURIDAN.

Aide-moi à changer de place, Marguerite; cette position me fatigue. (*Marguerite l'aide, Buridan riant.*) Merci; où en étais-je, Marguerite ?

MARGUERITE.

La fille du duc allait être mère.

BURIDAN.

Ah! oui, c'est cela. Huit jours après ce secret n'en était plus un pour son père, et le duc annonça à sa fille que le lendemain les portes d'un couvent s'ouvriraient sur elle, et, comme celles du tombeau, se refermeraient sur elle pour l'éternité. La nuit réunit les deux amans. Oh! ce fut une nuit affreuse. Lyonnet aimait Marguerite comme Gaultier t'aime; nuit de sanglots et d'imprécations ! Oh! la jeune Marguerite, oh! comme elle promettait d'être ce qu'elle a été.

MARGUERITE.

Après, après !

BURIDAN.

Ces cordes m'entrent dans les chairs et me font mal, Marguerite. (*Marguerite coupe les cordes qui lient les bras de Buridan; il la regarde faire en riant.*) Elle tenait un poignard comme tu en tiens un, la jeune Marguerite, et elle disait : Lyonnet, Lyonnet, si d'ici à demain mourait mon père, il n'y aurait plus de couvent, il n'y aurait plus de séparation, il n'y aurait que de l'amour. Je ne sais comment cela se fit, mais le poignard passa de ses mains dans celles de Lyonnet de Bournonville; un bras le prit, le conduisit dans l'ombre, le guida comme à travers les détours de l'enfer, souleva un rideau, et le page armé et le duc endormi se trouvèrent en face l'un de l'autre. C'était une noble tête de vieillard, calme et belle, que l'assassin a revue bien des fois dans ses rêves, car il l'assassina, l'infâme! mais Marguerite, la jeune et belle Marguerite n'entra point au couvent, et elle devint reine de Navarre, puis de France; le lendemain, le page reçut par un homme nommé Orsini, une lettre et de l'or; Marguerite le suppliait de s'éloigner pour toujours; elle disait qu'après leur crime commun ils ne pouvaient plus se revoir.

MARGUERITE.

Imprudente!

BURIDAN.

Oui, imprudente! n'est-ce pas? car cette lettre tout entière de son écriture, signée d'elle, reproduisait le crime dans tous ses détails et dans toute sa complicité. Marguerite la reine ne ferait plus maintenant ce qu'a fait Marguerite la jeune fille, n'est-ce pas, imprudente?

MARGUERITE.

Eh bien! Lyonnet de Bournonville partit, n'est-ce pas? et l'on ne sait ce qu'il est devenu, on ne le reverra jamais. La lettre est perdue ou déchirée et ne peut être une preuve. Que peut donc avoir de commun avec cette histoire Marguerite, reine, régente de France?

BURIDAN.

Lyonnet de Bournonville n'est pas mort, et tu le sais bien, Marguerite, car je t'ai vu tressaillir tout à l'heure en le reconnaissant.

MARGUERITE.

Et la lettre, la lettre?

BURIDAN.

La lettre, c'est le premier placet qui sera offert demain à Louis X, roi de France, rentrant dans Paris.

MARGUERITE.

Tu dis cela pour m'épouvanter, cela n'est pas, cela ne peut être, tu te serais servi de ce moyen d'abord.

BURIDAN.

Tu as pris soin de m'en fournir un autre; j'ai réservé celui-là pour une seconde occasion, n'ai-je pas mieux fait?

MARGUERITE.

La lettre?

BURIDAN.

Demain ton époux te la rendra; tu m'as dit quel était le supplice des meurtriers. Marguerite, sais-tu quel est celui des parricides et des adultères? écoute, Marguerite: on leur rase les cheveux avec des ciseaux rougis, on leur ouvre, vivans, la poitrine pour leur arracher le cœur; on le brûle, on en jette la cendre aux vents, et trois jours on traîne par la ville le cadavre sur une claie.

MARGUERITE.

Grace! grace!

BURIDAN.

Allons, allons, un dernier service, Marguerite, délie ces cordes. (*Il tend les mains, Marguerite les délie.*) Ah! il est bon d'être libre! vienne le bourreau, maintenant! voilà des cordes. Eh bien! qu'as-tu? Demain on criera par la ville : Buridan, le meurtrier de Philippe Daulnay, s'est étranglé dans sa prison. Un autre cri lui répondra du Louvre : Marguerite de Bourgogne est condamnée à la peine des adultères et des parricides.

MARGUERITE.

Grace, Buridan.

BURIDAN.

Je ne suis plus Buridan, je suis Lyonnet de Bournonville... le page de Marguerite... l'assassin du duc Robert.

MARGUERITE.

Ne crie pas ainsi.

BURIDAN.

Et que peux-tu craindre? ces murs étouffent les cris, éteignent les sanglots, absorbent l'agonie.

MARGUERITE.

Que veux-tu? que veux-tu?

BURIDAN.

Tu rentres demain à la droite du roi, dans la ville de Paris; je veux rentrer à sa gauche, nous irons au-devant de lui ensemble.

MARGUERITE.

Nous irons.

BURIDAN.

C'est bien.

MARGUERITE.

Et cette lettre?...

BURIDAN.

Eh bien! quand on la lui présentera, c'est moi qui la prendrai; ne serai-je pas premier ministre?

MARGUERITE.

Marigny n'est point encore mort.

BURIDAN.

Hier à la taverne d'Orsini, tu m'avais juré qu'à la dixième heure ce serait fait de lui.

MARGUERITE.

Il me reste une heure encore, c'est plus qu'il n'en faut pour accomplir ma promesse, et je vais donner l'ordre...

BURIDAN.

Attends; une dernière question, Marguerite. Les enfans de Marguerite de Bourgogne et de Lyonnet de Bournonville, que sont-ils devenus?

MARGUERITE.

Je les ai confiés à un homme.

BURIDAN.

Le nom de cet homme?

MARGUERITE.

Je ne m'en souviens pas...

BURIDAN.

Cherche, Marguerite, et tu te le rappelleras.

MARGUERITE.

Orsini... je crois.

BURIDAN, *appelant*.

Orsini, Orsini!

MARGUERITE.

Que fais-tu?

BURIDAN.

N'est-il pas là?

MARGUERITE.

Non.

(Orsini entre.)

BURIDAN.

Le voici. Approche, Orsini; demain je suis premier ministre... tu ne le crois pas; dites-le-lui madame, pour qu'il le croie.

MARGUERITE.

C'est la vérité.

BURIDAN.

Le premier acte de mon pouvoir sera de faire donner la question à un certain Orsini, qui était à la cour du duc Robert II.

ORSINI.

Et pourquoi, monseigneur, pourquoi?

BURIDAN.

Pour savoir de lui comment il a accompli les ordres qu'il a reçus de sa souveraine Marguerite de Bourgogne, relativement à deux enfans.

ORSINI.

Oh! pardon, monseigneur, pardon de ne les avoir pas fait mourir, comme on me l'avait ordonné.

MARGUERITE.

Ce n'était pas moi qui avais donné cet ordre... c'était...

BURIDAN.

Tais-toi, Marguerite.

ORSINI.

Pardon si je n'en ai pas eu le courage; c'étaient deux fils si faibles et si beaux!

BURIDAN.

Qu'en as-tu fait, malheureux?

ORSINI.

Je les ai donnés pour les exposer à un de mes hommes, et j'ai dit qu'ils étaient morts.

BURIDAN.

Et cet homme?

ORSINI.

C'est un des guichetiers de cette prison; on le nomme Landry, pardon.

BURIDAN.

C'est bien, Orsini; voilà un trait qui te fait honneur! une idée qui t'est venue à toi et qui n'est pas venue à une mère: qu'on n'avait pas besoin de tuer ses enfans lorsqu'on pouvait les exposer. Orsini, eusses-tu commis bien des crimes, voilà une action qui les rachète; il te reste donc un cœur! il te reste donc une ame! embrasse-moi, Orsini! embrasse-moi. Oh! tu auras de l'or ce que pesaient ces enfans; deux garçons, n'est-ce pas? oh! mes enfans! mes enfans! Ah! assez, assez, tu vois bien que la reine me prend en pitié.

ORSINI.

Que me reste-t-il à faire, monseigneur?

BURIDAN.

Prends cette lampe, et éclaire le chemin... Prenez mon bras, madame.

MARGUERITE.

Où allons-nous?

BURIDAN.

Au-devant du roi Louis X, qui rentre demain dans sa bonne ville de Paris.

FIN DU TROISIÈME ACTE.

ACTE IV.

SEPTIÈME TABLEAU.

Le théâtre représente une salle du Louvre : porte au fond avec deux latérales ; deux à gauche, une à droite au deuxième plan, et une croisée du même côté au premier plan.

SCÈNE PREMIÈRE.
GAULTIER, puis CHARLOTTE.

GAULTIER, *entrant.*

Marguerite ! Marguerite ! elle ne sera point encore sortie de sa chambre.

CHARLOTTE, *paraissant à la porte de la reine.*

Est-ce vous, madame la reine?... le seigneur Gaultier !

GAULTIER.

Charlotte, notre souveraine, que Dieu conserve ! est en bonne santé, j'espère...

CHARLOTTE.

Je n'en sais rien, monseigneur ; je sors de sa chambre.

GAULTIER.

Eh bien ?

CHARLOTTE.

Elle n'y a point couché.

GAULTIER.

Que dis-tu là, Charlotte ?

CHARLOTTE.

La vérité... Ah ! mon Dieu, je suis bien inquiète.

GAULTIER.

Que dis-tu ?

CHARLOTTE.

Je dis, monseigneur, que je venais voir si la reine n'était pas dans cette salle.

GAULTIER.

La reine n'est point dans son appartement, elle n'est point ici, elle n'est point au palais... Oh! mon Dieu! mais ne sais-tu rien, enfant? ne sais-tu rien qui puisse nous indiquer où elle pourrait être?

CHARLOTTE.

Hier au soir elle m'a demandé sa mante pour sortir et je ne l'ai pas revue depuis.

GAULTIER.

Tu ne l'as pas revue!... mais tu sais peut-être où elle allait... dis-le-moi; que je coure sur ses pas, que je sache ce qu'elle est devenue, que je la retrouve.

CHARLOTTE.

Je ne sais point où elle allait, monseigneur.

GAULTIER.

Écoute, ne crains rien; si c'est un secret qu'elle t'a confié, dis-le-moi, car elle me confie à moi aussi tous ses secrets; ne crains rien et répète-moi ce que tu sais, je lui dirai que je t'ai forcée de me le dire et elle te pardonnera; et moi, moi, Charlotte, tu me tireras un poignard du cœur; n'est-ce pas? elle t'a dit où elle allait...

CHARLOTTE.

Elle ne m'a rien dit, je vous le jure.

GAULTIER.

Oui, oui! elle t'a recommandé la discrétion; tu fais bien, enfant, de la lui garder... mais moi, moi, tu sais, elle m'aurait dit comme à toi où elle allait; dis-le-moi; attends, désires-tu quelque chose que tu n'espérais pas obtenir dans ce monde?

CHARLOTTE.

Je ne désire rien, que de savoir ce qu'est devenue la reine.

GAULTIER.

Demande ce que tu voudras, et dis-moi où elle est, car tu dois le savoir, n'est-ce pas? demande ce que tu voudras : des bijoux, je t'en couvrirai; as-tu un fiancé pauvre? je le doterai; veux-tu l'avoir près de toi? je le ferai entrer dans mes gardes; ce que n'espérait pas la fille d'un comte ou d'un baron, tu l'obtiendras... toi... sur une seule réponse... Charlotte, où est Marguerite? où est la reine?

CHARLOTTE.

Hélas! hélas! monseigneur, je ne sais pas, mais peut-être...

GAULTIER.

Dis! dis!

CHARLOTTE.

Cet italien, Orsini...

GAULTIER.

Oui, oui! tu as raison, et j'y cours, Charlotte... Oh! si elle revient en mon absence; oh! dis-lui qu'elle m'accorde un instant avant la rentrée du roi; tu la supplieras, n'est-ce pas? tu lui diras que c'est moi, moi, son serviteur fidèle et dévoué, moi qui l'en prie; tu lui diras que je suis au désespoir, que j'en deviendrai fou si elle ne me dit pas un mot, un mot qui me rassure et me console.

CHARLOTTE.

Sortez, sortez, voici qu'on ouvre les appartemens.

GAULTIER.

Oui, oui.

CHARLOTTE.

Bon courage, monseigneur, je vais prier pour vous.

(Gaultier sort, et Charlotte rentre chez la reine.)

SCÈNE II.

SAVOISY, PIERREFONDS, seigneurs, *puis* SIR RAOUL.

SAVOISY.

Vous n'êtes pas allé au-devant du roi, sir de Pierrefonds?

PIERREFONDS.

Non, monseigneur; si la reine y va je l'accompagnerai; et vous?

SAVOISY.

J'attendrai notre sire ici: il y a sur la route une si grande affluence de peuple que l'on ne peut y passer... Je ne veux pas me confondre avec tous ces manans.

PIERREFONDS.

Et puis, vous avez pensé que le véritable roi ne s'appelant pas Louis-le-Hutin, mais Marguerite de Bourgogne, mieux valait faire sa cour à Marguerite de Bourgogne qu'à Louis-le-Hutin.

SAVOISY.

Peut-être y a-t-il quelque chose comme cela. (*à sire Raoul qui entre.*) Bonjour, baron, quelle nouvelle?

RAOUL.

Que voici le roi qui vient, messeigneurs.

SAVOISY.

Et la reine ne paraît-elle pas?

RAOUL.

La reine est allée au-devant de lui ; elle rentre à sa droite.

LE PEUPLE, *en dehors.*

Vive le roi! vive le roi!

RAOUL.

Tenez, entendez-vous les cris des manans?

SAVOISY.

Nous avons fait une faute.

RAOUL.

Mais peut-être vous étonnerais-je bien, si je vous disais qui est à sa gauche.

SAVOISY.

Pardieu! il serait plaisant que ce fût un autre que Gaultier Daulnay.

RAOUL.

Gaultier Daulnay n'est pas même dans le cortége.

SAVOISY.

Il n'est pas dans le cortége, il n'est pas ici; est-ce qu'il y aurait eu fête cette nuit à la tour de Nesle? est-ce qu'il y aurait encore un cadavre ou deux sur la rive de la Seine? voyons, qui était à sa gauche?

RAOUL.

Messeigneurs, à sa gauche était sur un cheval superbe ce capitaine italien que nous avons vu arrêté hier par Gaultier sous le balcon du Louvre et conduit au grand Châtelet.

SAVOISY.

C'est impossible.

RAOUL.

Vous allez le voir.

PIERREFONDS.
Que dites-vous de cela, Savoisy?
SAVOISY.
Je dis que nous vivons dans un temps bien étrange... Hier Marigny premier ministre... aujourd'hui Marigny arrêté... Hier ce capitaine arrêté... peut-être aujourd'hui ce capitaine sera-t-il premier ministre... On croirait, sur mon honneur, que Dieu joue aux dés avec Satan ce beau royaume de France.

LE PEUPLE, *en dehors.*
Noël! Noël! vive le roi!

PIERREFONDS.
Et voici le peuple qui s'inquiète peu qui on arrête ou qui on fait premier ministre, qui crie Noël à tue-tête sur le passage du Roi.

SCÈNE III.

LES MÊMES, LE ROI, LA REINE, BURIDAN, PLUSIEURS SEIGNEURS.

LES SEIGNEURS, *entrant.*
Le roi! messieurs, le roi!

LE PEUPLE.
Noël! Noël! vive le roi!

LE ROI, *entrant.*
Salut, messeigneurs, salut; nous sommes heureux d'avoir laissé dans la Champagne une aussi belle armée, et de retrouver ici une aussi belle noblesse.

SAVOISY.
Sire, le jour où vous réunirez armée et noblesse pour marcher contre vos ennemis sera un beau jour pour nous.

LE ROI.
Et pour vous aider à faire les frais de la campagne, messieurs, je vais donner l'ordre qu'une taxe soit levée sur la ville de Paris à l'occasion de ma rentrée.

LE PEUPLE, *au-dessous de la croisée.*
Vive le roi! vive le roi!

LE ROI, *allant au balcon.*
Oui, mes enfans, je m'occupe de diminuer les impôts, je veux que vous soyez heureux, car je vous aime.

BURIDAN, *à la reine.*
Rappelez-vous nos conventions; à nous deux le pouvoir, à nous deux la France.

LA REINE.

A compter d'aujourd'hui, vous prenez place avec moi au conseil.

BURIDAN.

Soyez-y de mon avis, j'y serai du vôtre.

LE PEUPLE, *au-dessous de la croisée.*

Vive le roi! vive le roi!

LE ROI, *du balcon.*

Oui, oui, mes enfans. (*se retournant vers Buridan.*) Vous entendez, sire Lyonnet de Bournonville, vous ferez faire un nouveau relevé des états et métiers de la ville de Paris afin que chacun ne paie pour cette nouvelle taxe que ce qu'il a payé pour l'autre; il faut être juste.

SAVOISY.

Lyonnet de Bournonville! il paraît que ce n'est pas un chevalier de fortune, c'est un vieux nom.

LE ROI.

Nous rentrons au conseil; messires, avant de prendre congé de vous, voici notre main à baiser.

(Il va s'asseoir sur un fauteuil qu'un page a placé dans le milieu du théâtre, un peu au fond. Le groupe de seigneurs, qui se forme autour du roi, laisse les deux côtés du théâtre libres.)

GAULTIER, *entrant vivement.*

La reine! on m'a dit... la voilà.

LA REINE.

Gaultier! approchez-vous, sire capitaine, et baisez la main du roi. (*bas pendant qu'il passe devant elle.*) Je t'aime, je n'aime que toi, je t'aimerai toujours.

GAULTIER.

Buridan! Buridan ici!

LA REINE.

Silence!

(Landry paraît au balcon.)

SCÈNE IV.

LES MÊMES, LANDRY, *sur le balcon.*

BURIDAN, *regardant le balcon et apercevant Landry.*

Landry!

LANDRY, *montrant la boîte de fer.*

Capitaine.

BURIDAN.

Tu vois.

LANDRY.

Bien.

BURIDAN.

La boîte?

LANDRY.

Les douze marcs d'or?

BURIDAN.

Ce soir je te les porterai.

LANDRY.

Où?

BURIDAN.

A mon ancien logement, chez Pierre de Bourges, le tavernier.

LANDRY.

Ce soir, je vous remettrai la boîte.

BURIDAN.

J'ai à t'interroger sur beaucoup de choses.

LANDRY.

Je vous répondrai sur toutes.

BURIDAN, *se retournant, aux gardes.*

C'est bien, faites éloigner ces hommes.

LES GARDES.

Arrière, manans, arrière.

LE PEUPLE, *en dehors qui est censé sur le balcon.*

Vive le roi! vive le roi!

(Les gardes font descendre le peuple à coups de manches de hallebardes.)

LE ROI.

Maintenant, occupons-nous des affaires du royaume... adieu, messeigneurs.

L'OFFICIER.

Place au roi! (*Le roi sort par le fond.*) Place à la reine! (*La reine passe.*) Place au premier ministre!

(Il passe et entre au conseil; les gardes seulement sortent.)

SCÈNE V.

SAVOISY, DE PIERREFONDS, GAULTIER, SIR RAOUL, SEIGNEURS.

SAVOISY.

Çà, sommes-nous éveillés, dormons-nous, messeigneurs? quant à moi, je m'installe ici... (*Il s'assied.*) Si je dors, on m'éveillera; si je veille, on me mettra à la porte; mais je veux savoir comment finiront ces choses.

PIERREFONDS.

Si nous demandions à Gaultier, peut-être est-il dans le secret. Gaultier!

GAULTIER, *se jetant sur un fauteuil de l'autre côté.*

Oh! laissez-moi, messeigneurs, je ne sais rien... je ne devine rien. Laissez-moi, je vous prie.

SAVOISY.

La porte s'ouvre.

L'OFFICIER, *entrant par le fond.*

Le sire de Pierrefonds?

PIERREFONDS.

Voici.

L'OFFICIER.

Ordre du roi.

(Il sort. Tous les courtisans se groupent autour de Savoisy.)

PIERREFONDS, *lisant.*

Ordre d'aller prendre à Vincennes le sir Enguerrand de Marigny, et de le conduire à Montfaucon.

SAVOISY.

Bien, c'est un arrêt de mort au bas duquel le roi a mis sa première signature; cela promet: bien des complimens sur la mission.

PIERREFONDS.

J'en aimerais mieux une autre; mais quelle qu'elle soit, je vais l'accomplir. Adieu, messieurs.

(Il sort.)

SAVOISY.

Nous voilà toujours fixés sur un point; c'est que le premier ministre sera pendu... le roi avait promis de faire quelque chose pour son peuple.

L'OFFICIER, *entrant.*

Le sire comte de Savoisy?

SAVOISY.

Voici.

L'OFFICIER.

Lettres-patentes du roi.

(Il sort.)

TOUS, *se rapprochant de Savoisy.*

Ah! voyons, voyons.

SAVOISY.

Sang-Dieu! messeigneurs, vous êtes plus pressés que moi : le premier ordre ne m'invite pas beaucoup à ouvrir le second ; et si par hasard c'était l'un de vous que je dusse aussi mener pendre, celui-là m'aura quelque obligation du retard... (*Il le déploie lentement.*) Ma commission de capitaine dans les gardes! Y savez-vous une place vacante, messieurs?

RAOUL.

Non; mais à moins que Gaultier...

SAVOISY, *regardant Gaultier.*

Sur-Dieu! vous m'y faites songer.

RAOUL.

N'importe ; recevez nos félicitations.

SAVOISY.

C'est bien, messieurs, c'est bien. Je dois à l'instant prendre mon poste dans les appartemens... ainsi restez ici si tel est votre bon plaisir. Messieurs, j'ai appris pour mon compte ce que je voulais. (*riant.*) Le roi est un grand roi et le nouveau ministre un grand homme.

(Il sort.)

L'OFFICIER, *rentrant.*

Sir Gaultier Daulnay?

GAULTIER.

Heim!

L'OFFICIER.

Lettres-patentes du roi.

GAULTIER, *se levant.*

Du roi!

(Il la prend étonné.)

L'OFFICIER.

Messeigneurs, le roi, notre sire, ne recevra pas après le conseil, vous pouvez vous retirer.

GAULTIER, *lisant.*

« Lettres-patentes du roi, donnant au sir Daulnay le commandement de la comté de Champagne. » A moi le commandement d'une province!... « Ordre de quitter demain Paris pour se rendre à Troyes. » Moi, quitter Paris!...

RAOUL.

Sir Daulnay, nous vous félicitons ; justice est faite, et la reine ne pouvait mieux choisir.

GAULTIER.

Félicitez Satan ; car d'archange qu'il était, il est devenu roi des enfers. (*Il déchire l'ordre.*) Je ne partirai pas ! (*s'adressant aux seigneurs.*) Le roi n'a-t-il pas dit que vous pouviez vous retirer, messieurs?

RAOUL.

Et vous?

GAULTIER.

Moi, je reste.

RAOUL.

Si nous ne vous revoyons pas avant votre départ, bon voyage, sir Gaultier.

GAULTIER.

Dieu vous garde.

(Ils sortent.)

GAULTIER, *seul.*

Partir!... partir, quitter Paris!... Est-ce cela qu'on m'avait promis?... Mais qui me dira donc sur quel terrain je marche depuis quelques jours? Tout, à l'entour de moi, n'est que déception, chaque objet me paraît réel jusqu'à ce que je le touche, puis alors il s'évanouit entre mes mains... Fantômes !

SCÈNE VI.

GAULTIER, MARGUERITE.

MARGUERITE, *entrant du fond.*

Gaultier!

GAULTIER.

Ah! c'est vous enfin, madame.

MARGUERITE.

Silence!

GAULTIER.

Assez long-temps je me suis tu, il faut que je vous parle, dût chaque parole me coûter une année d'existence... Vous raillez-vous de moi, Marguerite, pour promettre et retirer en même temps votre parole?... Suis-je un jouet dont on s'amuse? suis-je un enfant dont on se rit?... Hier vous me jurez que rien ne nous séparera et aujourd'hui... l'ou m'envoie loin de Paris dans je ne sais quelle comté!

MARGUERITE.

Vous avez reçu l'ordre du roi?

GAULTIER, *montrant les morceaux qui sont à terre*

Eh! les voilà, tenez.

MARGUERITE.

Modérez-vous.

GAULTIER.

Vous avez pu approuver cet ordre?

MARGUERITE.

J'ai été forcée.

GAULTIER.

Forcée! et par qui? qui peut forcer la reine?

MARGUERITE.

Un démon qui en a le pouvoir.

GAULTIER.

Mais quel est-il? dites-le-moi.

MARGUERITE.

Feins d'obéir, et peut-être d'ici à demain pourrai-je te voir et tout t'expliquer.

GAULTIER.

Et tu veux que je me retire sur une pareille assurance?

MARGUERITE.

Tu ne partiras pas; mais va-t-en, va-t-en!

GAULTIER.

Je reviendrai: il me faut l'explication de ce secret.

MARGUERITE.

Oui, oui, tu reviendras; voici quelqu'un, quelqu'un vient.

GAULTIER.

Souviens-toi de ta promesse: adieu!

(Il s'élance dehors.)

MARGUERITE.

Il était temps!

SCÈNE VII.

MARGUERITE, BURIDAN, *entrant du fond.*

BURIDAN.

Pardonne-moi si j'interromps tes adieux, Marguerite.

MARGUERITE.

Tu as mal vu, Buridan.

BURIDAN.

N'est-ce donc point Gaultier qui s'éloigne?

MARGUERITE.

Alors tu as mal entendu, ce n'étaient point des adieux.

BURIDAN.

Comment cela?

MARGUERITE.

C'est qu'il ne part pas.

BURIDAN.

Le roi le lui ordonne.

MARGUERITE.

Et moi je le lui défends.

BURIDAN.

Marguerite, tu oublies nos conventions.

MARGUERITE.

Je t'ai promis de te faire ministre et j'ai tenu parole, tu m'avais promis de me laisser Gaultier et tu exiges qu'il parte.

BURIDAN.

Nous avons dit : A nous deux la France, et non à nous trois ; ce jeune homme serait en tiers dans le pouvoir et les secrets, c'est impossible!

MARGUERITE.

Cela sera pourtant.

BURIDAN.

As-tu oublié que tu étais en ma puissance?

MARGUERITE.

Oui, hier que tu n'étais que Buridan prisonnier; non aujourd'hui que tu es Lyonnet de Bournonville, premier ministre.

BURIDAN.

Comment cela?

MARGUERITE.

Tu ne peux pas me perdre sans te perdre toi-même.

BURIDAN.

Cela m'aurait-il arrêté hier?

MARGUERITE.

Cela t'arrêtera aujourd'hui. Hier tu avais tout à gagner et rien à perdre que la vie... Aujourd'hui, avec la vie tu as à perdre, honneur, rang, fortune, richesse, pouvoirs.. tu tomberais de trop haut, n'est-ce pas, pour que l'espoir de me briser dans ta chute te décide à te précipiter?... Nous sommes arrivés ensemble au faîte d'une montagne escarpée et glissante, crois-moi, Buridan, soutenons-nous l'un l'autre plutôt que de nous menacer tous deux.

BURIDAN.

Tu l'aimes donc bien?

MARGUERITE.

Plus que ma vie.

BURIDAN.

L'amour dans le cœur de Marguerite! j'aurais cru qu'on pouvait le presser et le tordre sans qu'il en sortît un seul sentiment humain... Tu es au-dessous de ce que j'espérais de toi. Si nous voulons, Marguerite, que rien n'arrête notre volonté où nous lui dirons d'aller, il faut que cette volonté soit assez forte pour briser sur sa route tout ce qu'elle rencontrera, sans coûter une larme à nos yeux, un regret à notre cœur... Nous sommes devenus des choses qui gouvernent et non des créatures qui s'attendrissent. Oh! malheur, malheur à toi, Marguerite, je te croyais un démon et tu n'es qu'un ange déchu.

MARGUERITE.

Ecoute : si ce n'est pas de l'amour, invente un nom pour ma faiblesse ; mais qu'il ne parte pas, je t'en prie.

BURIDAN, *à part*.

Ils seraient deux contre moi, c'est trop.

MARGUERITE.

Que dis-tu?

BURIDAN, *à part*.

Je suis perdu si je ne les perds. (*haut.*) Qu'il ne parte pas...

MARGUERITE.

Oui, je t'en prie.

BURIDAN.

Et si je suis jaloux de lui, moi?

MARGUERITE.

Toi, jaloux!

BURIDAN.

Si le souvenir de ce que j'ai été pour toi me rend intolérable la pensée qu'un autre est aimé de toi; si ce que tu as pris pour de l'ambition, pour de la haine, pour de la vengeance; si tout cela n'était qu'un amour que je n'ai pu éteindre, et qui se reproduisait sous toutes les formes, si je ne voulais monter que pour arriver à toi; si maintenant que je suis arrivé je ne voulais que toi; si pour mes anciens droits, mes droits antérieurs aux siens, je te sacrifiais tout; si en échange d'une de ces nuits où le page Lyonnet se glissait tremblant chez la jeune Marguerite pour n'en sortir qu'au jour naissant, je te rendais ces lettres auxquelles je dois d'être arrivé où je suis; si je te livrais mes moyens de fortune pour te prouver que ma fortune n'avait qu'un but, que ce but atteint, peu m'importe le reste. Dis, dis, si tu trouvais en moi ce dévouement, cet amour, ne consentirais-tu pas à ce qu'il partît?

MARGUERITE.

Parles-tu sincèrement, ou railles-tu, Lyonnet?

BURIDAN.

Un rendez-vous ce soir, et ce soir je te rends tes lettres; mais non plus, Marguerite, un rendez-vous comme celui de la taverne et de la prison, non plus un rendez-vous de haine et de menaces; non, non, un rendez-vous d'amour; un rendez-vous pour ce soir; et demain, demain, tu pourras le garder et me perdre puisque tout ce qui fait ma force te sera rendu.

MARGUERITE.

Mais en supposant que j'y consentisse, je ne puis te recevoir ici dans ce palais.

BURIDAN.

N'en sors-tu pas comme tu le veux?

MARGUERITE.

Puis-je sans me perdre te voir ailleurs?

BURIDAN.

La tour de Nesle.

MARGUERITE.

Tu y viendrais?

BURIDAN.

N'y ai-je pas été déjà sans savoir ce qui m'y attendait?

MARGUERITE, *à part.*

Il se livre. (*haut.*) Écoute, Buridan, c'est une étrange faiblesse ; mais ta vue me rappelle tant de momens de bonheur, ta voix éveille tant de souvenirs d'amour que je croyais morts au fond de mon cœur...

BURIDAN.

Marguerite !...

MARGUERITE.

Lyonnet !...

BURIDAN.

Gaultier partira-t-il demain ?...

MARGUERITE.

Je te le dirai ce soir. (*lui donnant la clé.*) Voici la clé de la tour de Nesle, séparons-nous. (*à part.*) Ah ! Buridan, si cette fois tu m'échappes.

(Elle rentre.)

BURIDAN.

C'est la clé de ton tombeau, Marguerite ; mais sois tranquille, je ne t'y renfermerai pas seule.

(Il sort.)

SCÈNE VIII.

MARGUERITE, *rentrant, puis* ORSINI.

MARGUERITE, *à demi-voix, allant à une porte latérale.*

Orsini, Orsini ?

ORSINI.

Me voici, reine.

MARGUERITE.

Ce soir, à la tour de Nesle, quatre hommes armés et vous.

ORSINI.

Avez-vous d'autres ordres ?

MARGUERITE.

Non, pas pour le moment ; je vous dirai là bas ce que vous aurez à faire, allez. (*Il sort ; elle se retourne et regarde autour d'elle.*) Personne, c'est bien.

(Elle rentre.)

SCÈNE IX.

BURIDAN, puis SAVOISY.

BURIDAN, *entrant par l'autre porte latérale, un parchemin à la main.*

Comte de Savoisy, comte de Savoisy!

SAVOISY, *entrant.*

Me voici, monseigneur.

BURIDAN.

Le roi a appris avec peine les massacres qui désolent sa bonne ville de Paris; il suppose avec quelque raison que les meurtriers se réunissent à la tour de Nesle. Ce soir, à neuf heures et demie, vous vous y rendrez avec dix hommes, et vous arrêterez tous ceux qui s'y trouveront, quels que soient leur titre et leur rang; voici l'ordre.

SAVOISY.

Eh bien! je n'aurai pas tardé à entrer en fonction.

BURIDAN.

Et vous pouvez dire que celle-là est une des plus importantes que vous remplirez jamais!

(Il sort par la porte latérale et Savoisy par l'autre.)

FIN DU QUATRIÈME ACTE.

ACTE V.

HUITIÈME TABLEAU.

La taverne de Pierre de Bourges.

SCÈNE PREMIÈRE.

LANDRY, *seul, calculant*.

Douze marcs d'or!... cela fait, si je compte bien, six cents dix-huit livres tournois... Si le capitaine tient sa parole et me compte cette somme en échange de cette petite boîte de fer dont je ne donnerais pas six sous parisis, je pourrai suivre son conseil et devenir honnête homme... Cependant il faudra faire quelque chose... que ferai-je?... Ma foi! avec mon argent je lèverai une compagnie; j'en prendrai le commandement; je me mettrai au service de quelque grand seigneur; j'empocherai ma solde tout entière et je ferai vivre mes hommes sur les manans. Vive-Dieu! c'est un état où ni le vin, ni les femmes ne manquent; puis s'il passe quelque voyageur un peu trop chargé d'or ou de marchandises, comme le royaume des cieux est surtout pour les pauvres, on leur en facilite l'entrée. Sang-Dieu! voilà, si je ne me trompe, une honnête et joyeuse vie; et pourvu qu'on accomplisse fidèlement ses devoirs de chrétien, qu'on rosse de temps en temps quelque Bohême, qu'on écorche quelque juif, le salut m'y paraît une chose aussi facile que d'avaler ce verre de vin... Ah! voici le capitaine.

SCÈNE II.
LANDRY, BURIDAN.

BURIDAN.

C'est bien, Landry.

LANDRY.

Vous voyez que je vous attends.

BURIDAN.

Et tu bois, en m'attendant?

LANDRY.

Je ne connais pas de meilleur compagnon que le vin.

BURIDAN, *tirant sa bourse.*

Si ce n'est l'or avec lequel on l'achète.

LANDRY.

Voici votre boîte.

BURIDAN.

Voici tes douze marcs d'or.

LANDRY.

Merci.

BURIDAN.

Maintenant, j'ai donné rendez-vous ici à un jeune homme; il va venir, laisse-moi cette chambre un instant. Aussitôt que tu le verras sortir, reviens : j'ai à causer avec toi.

(On entend du bruit dans l'escalier.)

LANDRY.

Par-Dieu! il vous suivait de près; tenez, le voilà qui se casse le cou dans l'escalier.

BURIDAN.

Bien : laisse-nous.

GAULTIER, *sur la porte.*

Le capitaine Buridan!

LANDRY.

Le voici.

(Il sort.)

SCÈNE III.

BURIDAN, GAULTIER.

BURIDAN, *souriant*.

Je croyais que vous connaissiez mon nouveau titre et mon nouveau nom, messire Gaultier; je me trompais, ce me semble, depuis ce matin on me nomme Lyonnet de Bournonville et l'on m'appelle premier ministre.

GAULTIER.

Peu m'importe de quel nom on vous nomme; peu m'importe quel titre est le vôtre, vous êtes un homme qu'un autre homme vient sommer de tenir sa promesse : êtes-vous en mesure de la remplir?

BURIDAN.

Je vous ai promis de vous faire connaître le meurtrier de votre frère.

GAULTIER.

Ce n'est pas cela : vous m'avez promis autre chose.

BURIDAN.

Je vous ai promis de vous dire comment Enguerrand de Marigny est passé en un jour du palais du Louvre au gibet de Montfaucon.

GAULTIER.

Ce n'est point cela : qu'il soit coupable ou non, c'est un débat entre ses juges et Dieu; vous m'avez promis autre chose.

BURIDAN.

Est-ce de vous apprendre comment l'homme arrêté par vous hier est aujourd'hui premier ministre?

GAULTIER.

Non, non; que ses moyens lui viennent de Dieu ou de Satan, peu m'importe; il y a dans tout cela des secrets terribles que je ne veux pas approfondir : mon frère est mort, Dieu le vengera; Marigny est mort, Dieu le jugera. Ce n'est pas cela; vous m'avez promis autre chose.

BURIDAN.

Expliquez-vous.

GAULTIER.

Vous m'avez promis de me faire voir Marguerite.

BURIDAN.

Ainsi votre amour pour cette femme étouffe tout autre

sentiment!... L'amitié fraternelle n'est plus qu'un mot, les intrigues sanglantes de la cour ne sont plus qu'un jeu... Oh! vous êtes bien insensé!
GAULTIER.
Vous m'avez promis de me faire voir Marguerite.
BURIDAN.
Avez-vous besoin de moi pour cela? Ne pouvez-vous entrer par la porte secrète de l'alcove, ou tremblez-vous que cette nuit comme l'autre Marguerite ne rentre pas au Louvre?
GAULTIER, *anéanti.*
Qui t'a dit cela?
BURIDAN.
Celui avec lequel Marguerite a passé la nuit.
GAULTIER.
Blasphème!... mais c'est toi qui es fou, Buridan.
BURIDAN.
Calme-toi, enfant; et ne tourmente pas ton épée dans le fourreau... C'est une femme belle et passionnée que Marguerite, n'est-ce pas? Que t'a-t-elle dit quand tu lui as demandé d'où lui venait cette blessure à la joue?
GAULTIER.
Mon Dieu! mon Dieu! prenez pitié de moi.
BURIDAN.
Sans doute elle t'a écrit?
GAULTIER.
Que t'importe?
BURIDAN.
C'est d'un style magique et ardent qu'elle peint la passion, n'est-ce pas?
GAULTIER.
Tes yeux damnés n'ont jamais vu, je l'espère, l'écriture sacrée de la reine.
BURIDAN, *ouvrant la boîte de fer.*
La reconnais-tu?... Lis ta Marguerite bien-aimée.
GAULTIER.
C'est un prestige! c'est un enfer!
BURIDAN.
N'est-ce pas, quand on est près d'elle, quand elle vous parle d'amour, n'est-ce pas qu'il est doux de passer la main dans ses longs cheveux qu'elle laisse si voluptueusement flotter, d'en couper une tresse comme celle-ci?

(Il lui montre une tresse de cheveux enfermée dans la boîte.)

GAULTIER.

C'est son écriture!... la couleur de ses cheveux!... Dis-moi que tu lui as volé cette lettre; dis-moi que tu lui as coupé ces cheveux par surprise.

BURIDAN.

Tu le lui demanderas à elle-même : je t'ai promis de te la faire voir.

GAULTIER.

A l'instant! à l'instant!

BURIDAN.

Mais peut-être n'est-elle pas encore au rendez-vous.

GAULTIER.

Un rendez-vous!... Qui a un rendez-vous avec elle?... Nomme-moi celui-là... Oh! j'ai soif de son sang et de sa vie.

BURIDAN.

Ingrat! et si celui-là t'y cédait sa place?

GAULTIER.

A moi?

BURIDAN.

Si, soit lassitude pour lui, soit compassion pour toi, il ne veut plus de cette femme; s'il te la cède; s'il te la rend; s'il te la donne?

GAULTIER, *tirant son poignard.*

Ah! malédiction!...

BURIDAN.

Jeune homme!...

GAULTIER.

Oh! mon Dieu!... pitié!...

BURIDAN.

Il est huit heures et demie; Marguerite attend : Gaultier, la feras-tu attendre?

GAULTIER.

Où est-elle? où est-elle?

BURIDAN.

A la tour de Nesle!

GAULTIER.

Bien.

(Il va pour sortir.)

BURIDAN.

Tu oublies la clé.

GAULTIER.

Donne.

BURIDAN.

Un mot encore?

GAULTIER.

Dis.

BURIDAN.

C'est elle qui a tué ton frère.

GAULTIER.

Damnation!...

(Il disparaît.)

SCENE III.

BURIDAN, *puis* LANDRY.

BURIDAN, *seul*.

C'est bien, va la rejoindre, et perdez-vous l'un par l'autre; c'est bien. Si Savoisy est aussi exact qu'eux, il fera d'étranges prisonniers; maintenant une seule chose me reste à savoir... ce que sont devenus ces deux malheureux enfans. Oh! si je les avais pour leur faire partager ma fortune et m'appuyer avec eux! Landry sera bien fin si je ne parviens à apprendre de lui ce qu'ils sont devenus. Le voilà.

LANDRY.

Vous avez encore quelque chose à me dire, capitaine?

BURIDAN.

Oh! rien. Dis-moi, combien faut-il de temps à ce jeune homme pour aller d'ici à la tour de Nesle?

LANDRY.

Vu qu'il ne se trouvera pas de bateaux maintenant, il faudra qu'il remonte jusqu'au Pont-aux-Moulins; c'est une demi-heure à peu près.

BURIDAN.

C'est bien, mets ce sablier sur cette table; je voulais causer de notre ancienne connaissance, Landry, de nos guerres d'Italie; ajoute un verre et assieds-toi.

LANDRY.

Oui, oui, c'étaient de rudes guerres et un bon temps; les jours se passaient en bataille et les nuits en orgie. Vous rappelez-vous, capitaine, les vins de ce riche prieur de Gênes, dont nous bûmes jusqu'à la dernière goutte; ce couvent de jeunes filles dont nous enlevâmes jusqu'à la dernière nonne ? Toutes ces choses sont de joyeux souvenirs, mais de gros péchés, capitaine.

BURIDAN.

Au jour de la mort on mettra nos péchés d'un côté de la balance et nos bonnes actions de l'autre; j'espère que tu as fait assez provision de ces dernières pour que le bassin l'emporte?

LANDRY.

Oui, oui, j'ai bien quelques œuvres méritantes, et dans lesquelles j'espère...

(Ils boivent.)

BURIDAN.

Raconte-les-moi, cela m'édifiera.

LANDRY.

Dans le procès de Templiers qui a eu lieu au commencement de cette année, il manquait un témoin pour faire triompher la cause de Dieu, et condamner Jacques de Molay, le grand maître; un digne bénédictin jeta les yeux sur moi, et me dicta un faux témoignage, que je répétai saintement mot à mot devant la justice comme s'il était vrai; le surlendemain les hérétiques furent brûlés à la grande gloire de Dieu et de notre sainte religion.

BURIDAN.

Continue, mon brave; on m'a raconté une histoire d'enfans...

(Ils boivent.)

LANDRY.

Oui, c'était en Allemagne; pauvre petit ange ! j'espère qu'il prie là-haut pour moi, celui-là. Imaginez-vous, capitaine, que nous donnions la chasse à des Bohémiens qui sont, comme vous savez, païens, idolâtres et infidèles; nous traversions leur village qui était tout en feu. J'entends pleurer dans une maison qui brûlait, j'entre; il y avait un pauvre petit enfant de Bohême abandonné. Je cherche autour de moi, je trouve de l'eau dans un vase; en un tour de main, je le baptise, le voilà chrétien; c'est bon. J'allais le mettre dans un endroit où le feu ne pouvait l'atteindre, quand je réfléchis que le lendemain les parens seraient revenus et le baptême au diable. Alors je le couchai proprement dans son berceau et je rejoignis les camarades; derrière moi le toit s'abîma.

BURIDAN, *avec distraction.*

Et l'enfant périt?

LANDRY.

Oui ; mais qui fut bien penaud, c'est Satan qui croyait venir chercher une ame idolâtre, et qui se brûla les doigts à une ame chrétienne.

BURIDAN.

Oui, je vois que tu as toujours eu une religion bien dirigée ; mais je voulais parler d'autres enfans... de deux enfans qu'Orsini...

LANDRY.

Je sais ce que vous voulez dire.

BURIDAN.

Ah!

LANDRY.

Oui, oui, c'étaient deux pauvres petits qu'Orsini m'avait dit de jeter à l'eau comme des chats qui n'y voient pas encore clair, et que j'eus la tentation de conserver de ce monde, vu qu'il m'assura qu'ils étaient chrétiens.

BURIDAN, *vivement.*

Et qu'en fis-tu?

LANDRY.

Je les exposai au Parvis-Notre-Dame, où l'on met d'habitude ces petites créatures.

BURIDAN.

Sais-tu ce qu'ils devinrent?

LANDRY.

Non ; je sais qu'ils ont été recueillis, voilà tout, car le soir, ils n'y étaient plus.

BURIDAN.

Et ne leur imprimas-tu aucun signe afin de les reconnaître.

LANDRY.

Si fait, si fait... je leur fis, ils pleurèrent même bien fort; mais c'était pour leur bien. Je leur fis avec mon poignard une croix sur le bras gauche.

BURIDAN, *se levant.*

Une croix rouge? une croix au bras gauche? une croix pareille à tous deux? Oh! dis que ce n'est pas une croix que tu leur as faite, dis que ce n'était pas au bras gauche, dis que c'était un autre signe...

LANDRY.

C'était une croix et pas autre chose ; c'était au bras gauche et pas autre part.

BURIDAN.

Oh ! malheur ! malheur ! mes enfans ! Philippe Gaultier ! l'un mort, l'autre près de mourir... tous deux assassinés, l'un par elle, l'autre par moi ; justice de Dieu ! Landry, où peut-on avoir une barque, que nous arrivions avant ce jeune homme ?

LANDRY.

Chez Simon le pêcheur.

BURIDAN.

Alors une échelle, une épée, et suis-moi.

LANDRY.

Où cela, capitaine ?

BURIDAN.

A la tour de Nesle, malheureux !

NEUVIÈME TABLEAU.

La Tour de Nesle.

SCÈNE IV.

MARGUERITE, ORSINI.

MARGUERITE.

Tu comprends, Orsini, c'est une dernière nécessité, c'est un meurtre encore, mais c'est le dernier. Cet homme connaît tous nos secrets, nos secrets de vie ou de mort ; les tiens et les miens. Si je n'avais lutté depuis trois jours contre lui au point d'être lasse de la lutte, nous serions déjà perdus tous deux.

ORSINI.

Mais cet homme a donc un démon à ses ordres, pour être instruit ainsi de tout ce que nous faisons ?

MARGUERITE.

Peu importe de quelle manière il a appris, mais enfin il sait. Avec un mot, cet homme m'a jetée à ses genoux comme une esclave ; il m'a vue lui détacher un à un les liens dont je l'avais fait charger... et cet homme-là qui sait nos secrets, qui m'a vue ainsi, qui peut nous perdre ; cet homme a eu l'imprudence de me demander un rendez-vous, un rendez-vous à la tour de Nesle. J'ai hésité cependant, mais, n'est-ce pas? c'était bien imprudent à lui; c'était tenter Dieu! Au moins il s'est invité, lui; c'est autant de moins pour le remords.

ORSINI.

Eh bien! encore celui-ci ; moi qui vous demandais du repos, je suis le premier à vous dire : il le faut.

MARGUERITE.

Ah! n'est-ce pas qu'il le faut, Orsini? tu vois bien, tu veux aussi qu'il meure; quand je ne te l'ordonnerais pas, pour ta propre sûreté tu le frapperais.

ORSINI.

Oui, oui! mais une trêve après; si votre cœur n'est point blasé, notre fer s'émousse, et ce sera assez, ce sera trop pour notre repos éternel.

MARGUERITE.

Oui, mais notre tranquillité en ce monde l'exige. Tant que cet homme vivra, je ne serai pas reine, je ne serai maîtresse, ni de ma puissance, ni de mes trésors, ni de ma vie ; mais lui mort!... oh! je te le jure, plus de nuits passées hors du Louvre, plus d'orgie à la tour, plus de cadavres à la Seine! puis je te donnerai assez d'or pour acheter une province, et tu seras libre de retourner dans ta belle Italie ou de rester en France. Ecoute : je ferai raser cette tour, je bâtirai un couvent à sa place, je doterai une communauté de moines, et ils passeront leur vie à prier nu-pieds sur la pierre nue, à prier pour moi et pour toi; car je te le dis, Orsini, je suis lasse autant que toi de tous ces amours et de tous ces massacres... et il me semble que Dieu me les pardonnerait si je n'y ajoutais pas ce dernier.

ORSINI.

Il sait nos secrets, il peut nous perdre. Par où va-t-il venir?

MARGUERITE.

Par cet escalier.

ORSINI.

Après lui, pas d'autres.

MARGUERITE.

Par le sang du Christ! je te le jure.

ORSINI.

Je vais placer mes hommes.

MARGUERITE.

Écoute, ne vois-tu rien?

ORSINI.

Une barque conduite par deux hommes.

MARGUERITE.

L'un de ces deux hommes, c'est lui. Il n'y a pas de temps à perdre : va, va, mais ferme cette porte, qu'il ne puisse venir jusqu'à moi. Je ne peux pas, je ne veux pas le revoir; peut-être a-t-il encore quelque secret qui lui sauverait la vie. Va, va, et enferme-moi.

(Orsini sort et ferme la porte.)

SCÈNE V.

MARGUERITE, *seule*.

Ah! Gaultier, mon gentilhomme bien-aimé! il a voulu nous séparer, cet homme, nous séparer avant que nous ne fussions l'un à l'autre! Tant qu'il n'a voulu que de l'or, je lui en ai donné; des honneurs, il les a eus; mais il a voulu nous séparer, et il meurt. Oh! si tu savais qu'il a voulu nous séparer, Gaultier, toi-même me pardonnerais sa mort. Oh! ce Lyonnet, ce Buridan, ce démon, qu'il rentre dans l'enfer dont il est sorti! oh! c'est à lui que je dois tous mes crimes! c'est lui qui m'a faite toute de sang. Oh! si Dieu est juste, tout retombera sur lui. Et moi, oh! moi, moi! si j'étais mon propre juge, je ne sais pas si j'oserais m'absoudre. (*Elle écoute à la porte.*) On n'entend rien encore... rien.

LANDRY, *du bas de la tour*.

Y êtes-vous?

BURIDAN, *du balcon*.

Oui.

MARGUERITE.

Quelqu'un à cette fenêtre! Ah!

SCENE VI.

MARGUERITE, BURIDAN.

BURIDAN, *faisant voler la fenêtre en morceaux et se présentant.*

Marguerite! Marguerite! seule! ah! seule encore, Dieu soit loué!

MARGUERITE, *reculant.*

A moi! à moi!

BURIDAN.

Ne crains rien.

MARGUERITE.

Toi, toi! venant par cette fenêtre! c'est une apparition, un fantôme.

BURIDAN.

Ne crains rien, te dis-je.

MARGUERITE.

Mais pourquoi par cette fenêtre, et non par cette porte?

BURIDAN.

Je te le dirai tout à l'heure; mais auparavant il faut que je te parle; chaque minute que nous perdons est un trésor jeté dans un gouffre. Ecoute-moi.

MARGUERITE.

Viens-tu encore me faire quelque menace, m'imposer quelque condition?

BURIDAN.

Non, non; tiens, regarde; non, tu n'as plus rien à craindre. Tiens, voilà loin de moi mon épée! loin de moi mon poignard! loin de moi cette boîte où sont tous nos secrets! Maintenant tu peux me tuer, je n'ai pas d'armes, pas d'armure; me tuer, puis prendre cette boîte, brûler ce qui s'y trouve, et dormir tranquille sur mon tombeau. Non, je ne viens pas te menacer. Je viens te dire... oh! si tu savais ce que je viens te dire! ce qui peut nous rester encore de jours de bonheur, à nous, qui nous-mêmes, nous sommes cru maudits.

MARGUERITE.

Parle, je ne te comprends pas.

BURIDAN.

Marguerite, ne te reste-t-il rien dans le cœur, rien d'une femme, rien d'une mère?

MARGUERITE.

Où veux-tu en venir ?

BURIDAN.

Celle que j'ai connu si pure n'est-elle plus accessible à rien de ce qui est sacré pour Dieu et les hommes?

MARGUERITE.

C'est toi qui viens me parler de vertus et de pureté! Satan qui se fait convertisseur! c'est étrange, tu en conviendras toi-même.

BURIDAN.

Peu importe quel nom tu me donnes, pourvu que ma parole te touche... Marguerite, n'as-tu jamais eu un instant de repentir? Oh! réponds-moi comme tu répondrais à Dieu; car, ainsi que Dieu, je puis tout en ce moment pour ton bonheur ou ton désespoir... je puis te damner ou t'absoudre; je puis, à ton gré, t'ouvrir l'enfer ou le ciel... Suppose que rien ne s'est passé entre nous depuis trois jours... oublie tout, excepté ton ancienne confiance envers moi... n'as-tu pas besoin de dire à quelqu'un tout ce que tu as souffert?

MARGUERITE.

Oh! oui, oui, car il n'est point de prêtre à qui on ose confier de pareils secrets!... il n'y a qu'un complice et tu es le mien!... le mien, de tous mes crimes!.. Oui, Buridan... ou plutôt Lyonnet.. Oui, tous mes crimes sont dans ma première faute!... Si la jeune fille n'avait pas manqué pour toi, pour toi, malheureux, à ses devoirs, son premier crime, son plus horrible n'aurait pas été commis; pour qu'on ne me soupçonnât pas de la mort de mon père, j'ai perdu mes fils!... Poursuivie par le remords, je me suis réfugiée dans le crime!... j'ai voulu étouffer dans le sang et les plaisirs cette voix de la conscience qui me criait incessamment: malheur!.. Autour de moi pas un mot pour me rappeler à la vertu, des bouches de courtisans qui me souriaient, qui me disaient que j'étais belle, que le monde était à moi, que je pouvais le bouleverser pour un moment de plaisir!... pas de forces pour lutter... des passions, des remords... des nuits pleines de spectres si elles ne l'étaient de volupté!... Oh! oui, oui, il n'y a qu'à un complice qu'on puisse dire de pareilles choses!

BURIDAN.

Mais, dis-moi, si près de toi tu avais eu tes fils?

MARGUERITE.

Oh! alors, aurais-je osé sous leurs yeux quand la voix

de mes enfans m'eût appelée ma mère!... aurais-je osé faire des projets de meurtre et d'amour! Oh! mes fils m'eussent sauvée, ils m'eussent rendue à la vertu peut-être... mais je ne pouvais garder mes fils!... O mes fils!... Oh! je n'osais pas prononcer ces mots!... car, parmi les spectres que j'ai revus, je n'ai point revu mes fils, et je tremblais en les appelant d'évoquer leurs ombres!

BURIDAN.

Malheureuse, ils étaient près de toi, et rien ne t'a dit : Marguerite, voilà tes fils!

MARGUERITE.

Près de moi?

BURIDAN.

L'un d'eux, malheureuse mère, l'un d'eux... tu l'as vu à tes genoux, demandant merci contre le poignard des assassins!... Tu étais là, tu entendais ses prières... et tu n'as pas reconnu ton enfant, et tu as dit : frappez!

MARGUERITE.

Moi, moi... où cela?

BURIDAN.

Ici, à cette place où nous sommes.

MARGUERITE.

Ah! quand?

BURIDAN.

Avant-hier.

MARGUERITE.

Philippe Daulnay? vengeance de Dieu!

BURIDAN.

Voilà ce qu'est devenu l'un... Marguerite, pense à ce qu'est l'autre.

MARGUERITE.

Gaultier?

BURIDAN.

L'amant de sa mère.

MARGUERITE.

Oh! non, non; grace au ciel, cela n'est pas et j'en remercie Dieu, je l'en remercie à genoux.. Non, non, je puis encore appeler Gaultier mon fils, et Gaultier peut m'appeler sa mère.

BURIDAN.

Dis-tu vrai?

MARGUERITE.

Par le sang du martyr qui a coulé là, je te le jure!... Oh!

oui, oui, c'est la main de Dieu qui a dirigé tout cela, qui m'a mis au cœur cet amour bizarre, tout de mère et pas d'amante !... c'est Dieu... Dieu bon, Dieu Sauveur qui voulait qu'avec le repentir le bonheur revînt dans ma vie !... Oh ! mon Dieu, merci, merci !

(Elle prie.)

BURIDAN.

Eh bien ! Marguerite, me pardonnes-tu, vois-tu encore en moi un ennemi ?

MARGUERITE.

Oh ! non, non, le père de Gaultier !

BURIDAN.

Ainsi, tu le vois, nous pouvons être heureux encore !... Nos vœux d'ambition sont remplis, plus de lutte entre nous... Notre fils est le lien qui nous attache l'un à l'autre... Notre secret sera enseveli entre nous trois !

MARGUERITE.

Oui, oui.

BURIDAN.

Crois-tu que tu peux encore être heureuse ?

MARGUERITE.

Oh ! si je le crois ! et il y a dix minutes, cependant, je ne l'espérais plus.

BURIDAN.

Une seule chose manque à notre bonheur, n'est-ce pas ?

MARGUERITE.

Notre fils, notre fils là, entre nous deux... notre Gaultier.

BURIDAN.

Il va venir.

MARGUERITE.

Comment !

BURIDAN.

Je lui ai remis la clé que tu m'avais donnée. Il va venir par cet escalier par où je devais venir, moi.

MARGUERITE.

Malédiction ! et comme c'était toi que j'attendais, j'avais placé... damnation !... j'avais placé des assassins sur ton passage !

BURIDAN.

Je te reconnais bien là, Marguerite.

(On entend un cri dans l'escalier.)

MARGUERITE.

C'est lui, lui qu'on égorge !

BURIDAN.

Courons !...

(Ils vont à la porte qu'ils secouent.)

MARGUERITE.

Qui donc a fait fermer cette porte ? Oh ! c'est moi... moi ! Orsini, Orsini ! ne frappe pas, malheureux !

BURIDAN, *secouant la porte.*

Porte d'enfer !... mon fils !... mon fils !!!

MARGUERITE.

Gaultier !

BURIDAN.

Orsini !... démon !... enfer !... Orsini !!!

MARGUERITE.

Pitié ! pitié !

GAULTIER, *en dehors, criant et appelant au secours.*

A moi ! à moi ! au secours !

MARGUERITE.

La porte s'ouvre !

(Elle recule.)

SCÈNE VII.

LES MÊMES, GAULTIER.

GAULTIER, *entrant tout ensanglanté.*

Marguerite, Marguerite ! je te rapporte la clé de la tour.

MARGUERITE.

Malheureux, malheureux ! je suis ta mère !

GAULTIER.

Ma mère !... eh bien ! ma mère, soyez maudite !

(Il tombe et meurt.)

BURIDAN, *se penchant sur son fils et à genoux.*

Marguerite, Landry leur avait fait à chacun une marque sur le bras gauche. (*Il déchire la manche de Gaultier et regarde le bras.*) Tu le vois, ce sont bien eux... Enfans damnés au sein de leur mère... Un meurtre a présidé à leur naissance, un meurtre a abrégé leur vie!

MARGUERITE.

Grace! grace!

SCÈNE VIII.

LES MÊMES, ORSINI, SAVOISY, GARDES.

ORSINI, *entrant, entre deux gardes qui le tiennent.*

Monseigneur, voilà les véritables assassins; ce sont eux et non pas moi.

SAVOISY, *s'avançant.*

Vous êtes mes prisonniers.

MARGUERITE ET BURIDAN.

Prisonniers, nous?

MARGUERITE.

Moi, la reine?

BURIDAN.

Moi, le premier ministre?

SAVOISY.

Il n'y a ici, ni reine, ni premier ministre; il y a un cadavre, deux assassins, et l'ordre signé de la main du roi d'arrêter cette nuit, quels qu'ils soient, ceux que je trouverai dans la tour de Nesle.

FIN.

PIÈCES NOUVELLES
Publiées par Barba.

LOUIS XI, tragédie en 5 actes, par M. Casimir Delavigne.
DIX ANS DE LA VIE D'UNE FEMME, ou les Mauvais Conseils, drame en 5 actes, par MM. Scribe et Terrier.
ROBERT-LE-DIABLE, opéra en 5 actes, par MM. Scribe et G. Delavigne.
LA TENTATION, ballet pantomime en 5 actes.
UN DUEL SOUS RICHELIEU, drame-vaudeville en 3 actes, de MM. Lockroy et Badon.
LA MARQUISE DE BRINVILLIERS, drame lyrique en 3 actes, par MM. Scribe et Castil-Blaze.
VERT-VERT, comédie-vaudeville en trois actes.
LA FERME DE BONDI, ou les deux Réfractaires, épisode de l'Empire, en quatre actes.
L'HOMME QUI BAT SA FEMME, tableau populaire en un acte, mêlé de couplets.
Mme GIBOU ET Mme POCHET, ou le Thé chez la Ravaudeuse, pièce grivoise en trois actes, mêlée de couplets.
LA CHANTEUSE ET L'OUVRIÈRE, vaudeville en 4 actes.
LE RÉGENT, com.-vaud. en 5 actes, de M. Ancelot.
DEUX JOURS, ou la Nouvelle Mariée, comédie en trois actes, mêlée de couplets, par M. Ancelot.
ANNA, comédie en 1 acte, mêl. de couplets, par M. Ancelot.
UN CAPRICE DE GRANDE DAME, comédie en 2 actes, mêlée de couplets, par MM. Ancelot et Xavier.
UNE COURSE EN FIACRE, coméd.-vaud. en 2 actes.
LES 6 DEGRÉS DU CRIME, mélodrame en trois actes.
LE FAVORI, ou la Cour de Catherine II, comédie-vaudeville en 3 actes, par M. Ancelot.
LE COURRIER DE LA MALLE, comédie-vaudeville en 3 actes, par MM. de Rougemont, de Courcy et Dupeuty.
LOUIS-BRONZE et le Saint-Simonien, parodie de Louis XI, en 3 actes et en vers burlesques.
LES FEMMES D'EMPLOYÉS, coméd. en 1 acte, mêlée de couplets.
LES CHAPEAUX SÉDITIEUX, à-propos-vaud. en 1 acte.
SCARAMOUCHE, ou la Pièce interrompue, anecdote de 1669, en 2 actes, mêlée de couplets.
HAN D'ISLANDE, mélodrame en 5 actes et en 8 tableaux.
PAUL Ier, Drame historique, en 5 actes et en prose.
LE FOSSÉ DES TUILERIES, revue-vaudeville en un acte, avec les scènes supprimées à la représentation.
CAMILLE DESMOULINS, drame en 5 actes.
DOMINIQUE, ou le Possédé, comédie en trois actes, en prose, de MM. D'Epagny et Dupin.
L'INCENDIAIRE, ou la Cure et l'Archevêché, dr. en 5 act.
LES QUATRE SERGENS DE LA ROCHELLE, mélodrame en trois actes.
MADAME LAVALETTE, drame historique en deux actes

SOPHIE ET MIRABEAU, ou 1773 et 1789, comédie-
 vaudeville en 2 actes.
MADAME DU CHATELET, ou Point de Lendemain, co-
 médie en un acte, mêlée de couplets, par MM. Ancelot
 et Gustave.
LA NUIT DE NOEL, tradition allemande.
LE MORT SOUS LE SCELLÉ, folie en 1 acte, mêl. de coupl.
LES POLONAIS, événemens historiques en 4 actes.
LE BARON D'HILDBURGHAUSEN, ou le bal diplomatique,
 folie-vaudeville en deux actes.
LES DEUX MONDES, parade en 2 actes, mêl. de coupl.
LANTARA ET DORVIGNY, vaudeville en un acte.
NORMA, tragédie, par M. Soumet.
UNE NUIT DE MARION DELORME, vaudeville.
LE CHEVREUIL, comédie-vaudeville en trois actes.
LES PRÉVENTIONS, comédie en un acte.
JOSCELIN ET GUILLEMETTE, comédie en un acte, avec
 un prologue, par M. d'Epagny.
GOTHON DU PASSAGE DE LORME, imitation burles-
 que de Marion Delorme, en cinq actes, en vers.
MARIONNETTE, parodie de Marion Delorme, en vers.
CARLIN A ROME, souvenir historique en un acte.
LES BOUCLES D'OREILLE, comédie-vaudeville.
LES CHANSONS DE BÉRANGER, ou le Tailleur et la Fée,
 conte fantastique, mêlé de couplets.
LA SOEUR CADETTE, comédie en un acte, en vers.
LE PHILTRE CHAMPENOIS, vaudeville en un acte de
 MM. Mélesville et Brazier.
LA FAMILLE IMPROVISÉE, scènes épisodiques, par
 M. Henry Monnier.
FIFI LECOQ, ou une Visite domiciliaire.
LE BOA, comédie-vaudeville en un acte.
M. CAGNARD, ou les Conspirateurs, folie du jour, nouvelle
 édit. avec des changemens.
L'AMPHIGOURI, salmis dramatique en quatre actions.
LA POUPÉE, comédie-vaudeville
LÉONTINE, drame en trois actes, de M. Ancelot.
LA MORTE, ou Départ et Retour, drame en 4 parties,
 de M. Ancelot.
UN DIVORCE, drame en un acte, mêlé de chants, de
 M. Ancelot.
LE CHATEAU DE SAINT-BRIS, dr. en 2 act., de M. Ancelot.
LA FÊTE DE MA FEMME, vaudeville en un acte.
LE GUÉRILLAS, vaudeville en un acte.
VOLTAIRE CHEZ LES CAPUCINS, vaudeville.
LA FAMILLE DE L'APOTHICAIRE, ou la Petite Prude.
L'IVROGNE, drame grivois, mêlé de couplets.
BATARDY, parodie-folie d'Antony, en cinq actes.
DOMINIQUE, ou la Brouette du Vinaigrier, drame de
 Mercier, remis en un acte, avec des couplets de M. Brazier.

www.ingramcontent.com/pod-product-compliance
Lightning Source LLC
Chambersburg PA
CBHW070519100426
42743CB00010B/1870